高职高专"十三五"规划教材·财会专业

全面"营改增"
——会计综合模拟实训教程
（制造业）

陈 华 覃宗球 主 编

李桂娟 凌学军 韩力军 副主编

電子工業出版社

Publishing House of Electronics Industry

北京·BEIJING

内 容 简 介

本书以最新的“营改增”会计处理规定为依据，原始凭证的设计遵循“典型”和“够用”原则，精选会计实务中基本的经济业务，浓缩为一个月的工作量，辅以几乎与实务零距离的票据，由浅入深进行编排，便于学生理解和运用；通过手工实训，让学生熟悉会计核算的全过程，为将来从事会计工作快速上手打下基础。

本书的内容既适合手工操作，也适合计算机操作，是大学本科、高职、中职会计专业及会计培训的理想模拟实训用书。

图书在版编目（CIP）数据

全面“营改增”：会计综合模拟实训教程. 制造业 / 陈华，覃宗球主编. —北京：电子工业出版社，2018.3
ISBN 978-7-121-33457-3

Ⅰ. ①全… Ⅱ. ①陈… ②覃… Ⅲ. ①增值税－税收会计－高等职业教育－教材 Ⅳ. ①F812.42

中国版本图书馆 CIP 数据核字（2018）第 002844 号

策划编辑：贾瑞敏
责任编辑：贾瑞敏　　　　特约编辑：胡伟卷　苗丽敏
印　　刷：三河市华成印务有限公司
装　　订：三河市华成印务有限公司
出版发行：电子工业出版社
　　　　　北京市海淀区万寿路 173 信箱　邮编 100036
开　　本：787×1 092　1/16　印张：14.75　字数：368 千字
版　　次：2018 年 3 月第 1 版
印　　次：2018 年 3 月第 1 次印刷
印　　数：1 500 册　　　定价：43.00 元

凡所购买电子工业出版社图书有缺损问题，请向购买书店调换。若书店售缺，请与本社发行部联系，联系及邮购电话：(010)88254888，88258888。

质量投诉请发邮件至 zlts@phei.com.cn，盗版侵权举报请发邮件至 dbqq@phei.com.cn。

本书咨询联系方式：电话 010-62017651；邮箱 fservice@vip.163.com；QQ 群 427695338；微信 DZFW18310186571。

前言

会计属于经济管理的重要学科，具有较强的理论和操作相结合的特性。

会计的理论教学主要是教学生对“会计”的抽象认知，与实际工作有一定的距离，由此形成了所谓的“两张皮”。那么，如何缩小理论与实践的差距？会计模拟实训教学的引入，在理论和实践之间架起了桥梁，是培养学生对“会计”理性认知的重要环节。会计模拟实训教学的目的，是让学生把所学的理论知识与会计实务相结合，检验学生对专业知识的熟悉程度，也促使学生在实际操作中领悟和巩固专业知识，达到融会贯通的效果。同时，通过会计模拟实训，使学生清楚会计的操作流程，夯实专业基础知识，提升学生的专业素质，培养严谨的工作态度和高度的责任感，为其将来从事会计工作奠定基础。

我国营业税改征增值税的全面施行，对会计理论和实务产生了重大的影响，也给会计专业学生和会计人员带来了新的挑战。在这样的背景下，我们编写了这本有较强针对性的实训教材，试图把最新的财经法规及实务的通常处理方法融入其中，让读者感受到“最基础的，也是最有用的”道理。本书具有如下特点。

1. **常规性**。本着“典型”和“够用”原则，精选会计实务中经常发生的业务——作为会计专业的学生，这些是最基本，也是必须理解和掌握的业务。通过模拟实训，以期夯实学生的专业基础，培养学生敏锐的会计感觉。

2. **仿真性——票据与会计实务“零距离”**。用贴近实际的票据阐述业务，使学生对实务的票据及所表现的业务有直观的认识，消除理论与实务的差异，增加会计的“吸引力”，培养学生的专业兴趣。

3. **严密性**。票据设计突出“功夫在票外”，每笔经济业务除主干的发票或收据外，还设计了该笔经济业务审批程序的凭证，使经济业务的来龙去脉清晰明了，提高学生的判断能力，为后续的审计工作提供线索。

4. **系统性**。体现“一环都不能少”，从填制凭证，到登记账簿、成本及利润计算，再到编制报表，全过程手工训练，让学生对会计核算的全貌有深刻的认识，弥补会计电算化实训没有记账和编制报表环节的缺陷。

本书由北海职业学院陈华、玉林财经学校覃宗球担任主编，河南科技学院李桂娟、北海职业学院凌学军、浙江旅游职业学院韩力军担任副主编。其中，陈华负责教材大纲的设计、整体框架的拟定与审稿，覃宗球负责业务的钩稽核算、全书定稿与业务处理解析，李桂娟、凌学军、韩力军参与具体章节实训的编写。

本书所涉及的单位、人名都是虚拟的，票据上的各种印章仅作为增加模拟效果之用，如有雷同，纯属巧合。

本书在列示经济业务的同时，进行了账务处理解析，读者可扫描“业务解析”二维码进行查看。

由于编写时间仓促，加之编者水平有限，书中不足之处在所难免，敬请广大读者批评指正。如有疑问，欢迎加微信号 13517758663 进行交流。

编　者

目录

第一章 会计模拟实训概述

第一节　会计模拟实训的目的

模拟实训是为了加深学生对所学会计基本理论和基本知识的理解，其过程是对会计工作场景的真实再现。通过模拟实训，学生可以熟悉实际工作中的业务操作流程，懂得处理日常会计业务，学会编制会计报表，体会会计理论与实践相结合的特性；可以掌握基本操作技能，夯实专业基础知识，提高分析问题、解决问题，以及实践动手的能力，为今后从事会计相关工作奠定基础。

第二节　会计模拟实训的基本要求

一、根据所给的实训材料，完成会计核算全套程序

1. 填制原始凭证（涉及产品成本、销售成本、利润计算的表格），审核原始凭证，填制记账凭证。所用的原始凭证从实训资料中裁剪出来并整理好。

2. 根据记账凭证登记现金日记账、银行存款日记账及有关的明细账。

3. 选择记账凭证汇总表账务处理程序，根据一定时期（上半月、下半月）内所有的记账凭证，汇总编制记账凭证汇总表。

4. 根据记账凭证汇总表登记总分类账。

5. 月末，把现金日记账、银行存款日记账、各种明细账余额与其对应的总账余额进行核对，确认账务处理是否正确。

6. 月末，将经过核对无误的总账、各种明细账和相关备查资料编制成资产负债表、利润表和现金结算流量表。

7. 把所有的会计资料整理装订成册，并对本次模拟实训进行总结。

二、会计核算的具体要求

1. 填制会计凭证、登记会计账簿、编制会计报表时，要做到及时、准确、完整。

2. 填制会计凭证、登记会计账簿、编制会计报表时，要做到文字、数字字迹清晰、工整、规范，易于辨认。

3. 填制会计凭证、登记会计账簿、编制会计报表时，除按规定必须使用红墨水书写外，所有文字、数字都应使用蓝色或黑色墨水书写，不准使用铅笔或圆珠笔（除复写的凭证外）。

4. 填制会计凭证、登记会计账簿、编制会计报表出现错误时，要按规定的方法进行更正，不能涂改、刮擦挖补或使用涂改液等消除字迹。

5. 对所有的会计凭证、会计账簿、会计报表等会计资料，要及时整理立卷，编制目录，装订成册，归档保管。

第三节 会计核算的细节提示

一、填制记账凭证的细节及技巧

1. 记账凭证填制日期的确定。以经济业务发生的日期（付款日期或者发票等开具日期）作为依据；月末的非付现业务，以月末的日期作为记账凭证填制日期。

2. 记账凭证附件张数的确定。以原始凭证的自然张数为准，有多少张就算多少张；如果以汇总原始凭证作为填制记账凭证，则以汇总原始凭证的张数为准。

另外，对于所附的原始凭证，应该保持“原始”的状态，不要修剪，即小张的票据要粘贴在原始凭证粘贴单上；有空白的大张凭证，只能折叠成所需要的大小，不能把空白处裁掉。

3. 记账凭证所附原始凭证的排序规定如下。

（1）银行存款（或现金）等付款的单据。

（2）付款的审批手续。

（3）发票等外来或自制原始凭证。

（4）采购实物的，验收单据；发出货物的，出库单据等。

（5）与此笔业务相关的文件、申请报告等。

4. 记账凭证中会计科目的排序规定。借方科目排在前面，贷方科目排在后面；如涉及多借多贷的业务，必须先把所有的借方科目排完，再排贷方科目。

5. 记账凭证编号的规定。凡是借贷平衡的凭证，称为一笔独立经济业务，必须编一个号码；如果一笔经济业务用多张记账凭证填制，则应采用分号编号法。

6. 红字使用要点。填制记账凭证（包括记账）时，力求避免使用红字，尤其是涉及货币资金、存货等实物形态的资产，一般不能使用红字记录。

二、判断做账正确与否的技巧

判断标准：“重点现金业务，勿忘非现金业务，资产债务盘点核对，账证表实形成数据链。”实务中，具体做好如下几方面的工作。

1. 库存现金收付业务一定要正确。判断标准是，会计人员的现金收付账务的发生额及余额，一定要与出纳员的现金收付发生额及余额（盘点确认的余额）相符。

2. 银行存款收付业务一定要正确。判断标准是，会计人员的银行存款收付业务的发生额及余额，一定要与开户银行提供的银行对账单的发生额及余额相符；如果不相符，可编制银行存款余额调节表确认单位实际可动用的银行存款数，或者采用逐笔核对法等检查，找出不相符的原因。

3. 往来账（应收应付及预收预付款）核对相符。这主要是指与业务往来单位进行定期或不定期核对，双方账务上数额要相符。

4. 对实物形态的资产进行盘点确认。期末应对存货、固定资产等具有实物形态的资产进行盘点，确认其账实相符。

5. 对无形资产进行检查核对。核对无形资产的证书、专利文件，以及每年摊销的会计记录，确认无形资产的存在及价值。

6. 月末预提及摊销业务不能忘。月末，对于非现金业务，如已实现的收入、已到付款期的负债、固定资产的折旧、无形资产的摊销等要及时确认入账，不能遗漏。

7. 账证表实核对相符。原始凭证与记账凭证相符，记账凭证与明细账和总账相符，总账与其所属的各明细账户的金额合计数相符，总账和明细账与相关盘点表数额相符，总账和明细账与报表的相关数据相符。

三、如何培养敏锐的会计感觉

所谓敏锐的会计感觉，就是一接到原始凭证，就能“翻译”成会计语言，立即想到这笔业务所涉及的会计科目，快速地处理该笔会计业务。

从模拟实训开始，训练学生敏锐的会计感觉，可从以下几方面着手。

1. 读懂原始凭证包含的信息，用会计语言描述出其经济业务的特征，做到“进得入，出得来”，能够在图形（票据）和文字（描述）之间自如切换。

2. 快速判断经济业务的性质。属于现金业务还是非现金业务？如果是非现金业务，账上是否有反映？如果有，查预收和预付款项；如果没有，则要挂应收和应付款项等。懂得层层推进，把握经济业务的本质。

3. 果断下笔，不怕差错。无论手工操作还是计算机操作，在填制记账凭证阶段，不打草稿，直接下笔，锻炼直观的“第一印象”。如果有差错，可以重新填制。

4. 勤思考多动手，熟能生巧。这是学好会计的重要手段，也是形成敏锐会计感觉的必经之路。

第二章 实训企业介绍

第一节 实训企业的基本概况

1. 公司名称：郁州市明星家具有限公司；地址及电话：郁州市大华路 10 号；电话号码：3834218。

2. 本公司为生产型企业，主要生产家具用具，主营产品为：五件套木沙发（1#沙发），四件套木沙发（2#沙发）。

3. 本公司为一般纳税人，纳税人识别号为 91450901001310672X，产品销售适用的增值税税率为 17%，企业所得税税率为 25%（实行按季度预缴，年末汇算清缴）。

4. 开户银行：郁州市工商银行城西支行；开户行账号：211170300195014601X。

5. 主要负责人：法人代表（总经理）：袁方；财务主管：钟立国；会计员：张月萌；出纳：陈明。

6. 注册资金：200 万元。

第二节 实训企业会计核算规定

一、执行的会计制度

1. 公司执行《企业会计准则》。

2. 按照营业税改征增值税的规定进行核算，可参照《增值税会计处理规定》文件规定执行。

二、原材料和库存商品的明细核算

1. 原材料、库存商品的收发均采用实际成本计价，发出单价按全月一次加权平均法计算，每月汇总计算结转一次存货成本。

2. 原材料、库存商品明细账采用数量金额式明细账。

3. 产品成本计算方法：采用品种法。

生产产品（生产成本计算）基本流程如图 2-1 所示。

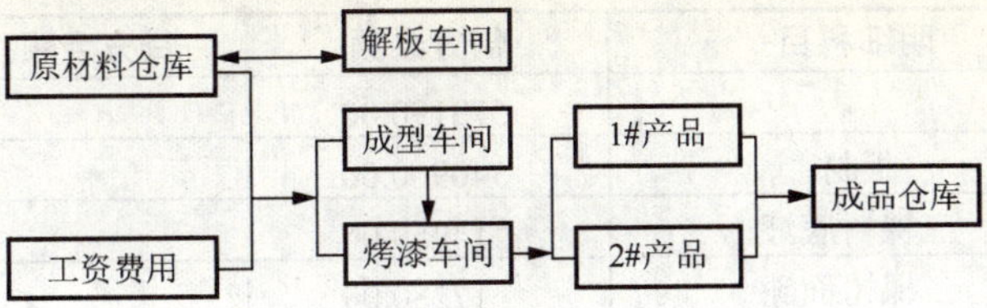

图 2-1 生产产品（生产成本计算）基本流程

三、记账方法及账务核算程序

1. 记账方法：借贷记账法；记账本位币：人民币。

2. 记账凭证：通用记账凭证。

3. 账簿体系：三栏式日记账、三栏式总账、三栏式明细账、数量金额式明细账、多栏式明细账等。

4. 账务核算程序：记账凭证汇总表账务处理程序（分别上下半月汇总一次），具体如图 2-2 所示。

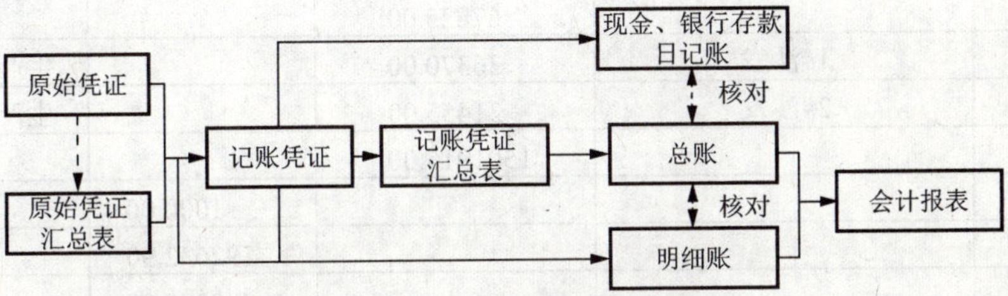

图 2-2 记账凭证汇总表处理程序

第三节 相关资料

20××年 11 月 30 日总账科目及明细账余额资料如图 2-3 所示。

20××年 11 月总账科目及明细账余额表 单位：元

总账科目	明细科目	借方余额	贷方余额	账页形式
库存现金		800.00		专用日记账
银行存款		866190.80		
	工行城西支行	866190.80		专用日记账
应收账款		208445.00		
	柳州市家居用品商场	208445.00		三栏式
其他应收款		3000.00		
	陈同	3000.00		三栏式
预付账款		256000.00		
	北海市银海板材有限公司	250000.00		三栏式
	郁州市丽华投资有限公司	6000.00		三栏式

图 2-3 总账科目及明细账余额

总账科目	明细科目	借方余额	贷方余额	账页形式
原材料		573190.00		
	板材	540960.00		数量金额式
	三棵树底漆	14950.00		数量金额式
	三棵树面漆	17280.00		数量金额式
周转材料		16000.00		
	包装箱	13600.00		数量金额式
	泡沫包装条	2000.00		数量金额式
	包装带	400.00		数量金额式
库存商品		265140.00		
	1#沙发	133140.00		数量金额式
	2#沙发	132000.00		数量金额式
发出商品		36530.00		
	1#沙发	19100.00		数量金额式
	2#沙发	17430.00		数量金额式
生产成本		67825.00		
	1#沙发	36370.00		生产成本明细账
	2#沙发	31455.00		生产成本明细账
固定资产		1501915.00		
坏账准备			1000.00	三栏式
累计折旧			192632.90	三栏式
短期借款			500000.00	三栏式
应付账款			20000.00	
	郁州美林长途汽运公司		20000.00	三栏式
预收账款			350000.00	
	广西贵港居百惠商贸有限公司		350000.00	三栏式
应交税费			26990.40	
	未交增值税		23652.00	三栏式
	应交城市维护建设税		1655.50	三栏式
	应交教育费附加		709.50	三栏式
	应交地方教育附加		473.00	三栏式
	应交个人所得税		500.40	三栏式
应付利息	工行借款利息		5431.50	三栏式
实收资本			2000000.00	三栏式
资本公积			56000.00	三栏式
盈余公积			168000.00	三栏式
本年利润			419781.00	三栏式
利润分配	未分配利润		55200.00	三栏式
合　计		3795035.80	3795035.80	

图 2-3（续）

原材料及库存商品明细资料如图 2-4 所示。

原材料及库存商品明细表

20××年 11 月 30 日　　单位：元

序　号	产品名称	计量单位	数　量	单位成本	总成本	备　注
1	板材	立方	240	2254	540960	
2	三棵树底漆	桶	65	230	14950	
3	三棵树面漆	桶	60	288	17280	
4	包装箱	个	170	80	13600	
5	泡沫包装条	立方	1	2000	2000	
6	包装带	卷	8	50	400	
7	1#沙发	套	70	1902	133140	
8	2#沙发	套	75	1760	132000	

图 2-4　原材料及库存商品明细资料

发出商品明细资料如图 2-5 所示。

发出商品明细表

20××年 11 月 30 日　　单位：元

序　号	产品名称	计量单位	数　量	单位成本	总成本	备　注
1	1#沙发	套	10	1910	19100	
2	2#沙发	套	10	1743	17430	

图 2-5　发出商品明细资料

车间在产品成本明细资料如图 2-6 所示。

车间在产品成本明细表

20××年 11 月 30 日　　单位：元

车间名称	产品名称	直接材料	直接人工	制造费用	合　计
成型	1#沙发	31000	3360	2010	36370
	2#沙发	26690	2830	1935	31455
合　计		57690	6190	3945	67825

图 2-6　车间在产品成本明细资料

1—11 月发生的税法规定的有限额费用明细资料如图 2-7 所示。

1—11 月税法规定的有限额的费用支出明细表（计算企业所得税专用）

20××年 11 月 30 日　　单位：元

序　号	费用名称	1—11 月支出数	备　注
1	职工福利费	32500	税法：职工福利费列在管理费或是产品成本，都受限制
2	职工教育费	25800	税法：职工教育费当年超支，可以延续到下一年
3	工会经费	64800	税法：必须是上缴上级工会并取得专门收据才认可
4	广告宣传费	20000	税法：广告宣传费当年超支，可以延续到下一年
5	业务招待费	28360	税法：双控法核算，并遵循孰低原则
6	销售手续费	5000	税法：只能支付给有推销资格的单位和个人
合　计		176460	

图 2-7　1—11 月发生的税法规定的有限额费用明细资料

20××年 11 月资产负债表如图 2-8 所示。

资产负债表

会企 01 表

编制单位：郁州市明星家具有限公司　　20××年 11 月 30 日　　单位：元

资　产	行次	期末余额	年初余额	负债和股东权益	行次	期末余额	年初余额
流动资产：				流动负债：			
货币资金	1	866990.80	542069.00	短期借款	26	500000.00	800000.00
交易性金融资产	2			交易性金融资产	27		
应收票据	3			应付票据	28		
应收账款	4	207445.00	325710.00	应付账款	29	20000.00	100000.00
预付款项	5	256000.00	185000.00	预收款项	30	350000.00	280000.00
应收利息	6			应付职工薪酬	31		
应收股利	7			应交税费	32	26990.40	24713.00
其他应收款	8	3000.00	5000.00	应付利息	33	5431.50	
存货	9	958685.00	1160302.00	其他应付款	34		
一年内到期的非流动资产	10			一年内到期的非流动负债	35		
其他流动资产	11			其他流动负债：	36		
流动资产合计	12	2292120.80	2218081.00	流动负债合计	37	902421.90	1204713.00
非流动资产：				非流动负债：			
可供出售金融资产	13			长期借款	38		
持有至到期投资	14			应付债券	39		
长期应收款	15			长期应付款	40		
投资性房地产	16			预计负债	41		
固定资产	17	1309282.10	1405832.00	其他非流动负债	42		
在建工程	18			非流动负债合计	43		
固定资产清理	19			所有者权益：			
无形资产	20			实收资本（股本）	44	2000000.00	2000000.00
长期待摊费用	21			资本公积	45	56000.00	56000.00
其他非流动资产	22			盈余公积	46	168000.00	168000.00
	23			未分配利润	47	474981.00	195200.00
非流动资产合计	24	1309282.10	1405832.00	所有者权益合计	48	2698981.00	2419200.00
资产总计	25	3601402.90	3623913.00	负债和股东权益总计	49	3601402.90	3623913.00

单位负责人：袁方　　主管会计：钟立国　　制表：张月萌

图 2-8　资产负债表

20××年 11 月利润表如图 2-9 所示。

利润表

会企 02 表

编制单位：郁州市明星家具有限公司　　　　20××年 11 月　　　　单位：元

项　　目	行次	本期金额	本年累计
一、营业收入	1	686380.00	7541500.00
减：营业成本	2	392726.60	4246160.60
税金及附加	3	5298.52	58682.70
销售费用	4	27540.00	307574.00
管理费用	5	223584.00	2422643.50
财务费用	6	862.27	26658.20
资产减值损失	7		
加：公允价值变动收益（损失以“-”号填列）	8		
投资收益（损失以“-”号填列）	9		
二、营业利润（亏损以“-”号填列）	10	36368.61	479781.00
加：营业外收入	11		
减：营业外支出	12		
其中：非流动资产处置损失	13		
三、利润总额（亏损总额以“-”号填列）	14	36368.61	479781.00
减：所得税费用	15		60000.00
四、净利润（净亏损以“-”号填列）	16	36368.61	419781.00
五、每股收益	17		
（一）基本每股收益	18		
（二）稀释每股收益	19		

单位负责人：袁方　　　　会计主管：钟立国　　　　制表人：张月萌

图 2-9　利润表

第三章

实训企业某年度 12 月份的经济业务

操作要求：

1. 本部分共有 68 笔经济业务，每笔业务的凭证张数已经编号，在处理业务时，涉及增值税专用发票抵扣联，不作为原始凭证计算张数，要单独存放，用于查验。

2. 根据 1—15 日和 16—31 日的原始凭证进行填制记账凭证、登记账簿、计算产品生产成本、计算销售产品成本、计算利润及税金、月末结账等操作。

业务解析

经济业务 1：销售沙发并收到货款，取得票据 3 张。

1–3（1）

ICBC 中国工商银行　　业务回单（收款）

入账日期：20××-12-01　　回单编号：21120001025

付款人户名：　夏之梦(南宁)家居用品有限公司

付款人账号：　210010100065023179X

付款人开户行：　工商银行南宁江南支行

收款人户名：　郁州市明星家具有限公司

收款人账号：　211170300195014601X

收款人开户行：　工商银行郁州城西支行

币种：人民币　　金额(小写)：RMB136890.00

金额(大写)：壹拾叁万陆仟捌佰玖拾圆整

凭证种类：资金汇划补充凭证　　凭证号码：00120268

业务（产品）种类：汇划收报　　摘要：支付货款　　用途：货款

交易机构号：0211200630　记账柜员：005　　交易代码：52110

汇划种类：汇兑　客户附言：货款　发报行行号：20120145　收报行行号：27953674

（印章：中国工商银行股份有限公司郁州城西支行　20XX.12.01　核算用章（01））

第 1 次打印，注意重复　打印日期：20××年 12 月 01 日　打印柜员：3　验证码：6F1IE8927006

1–3（2）

4500173130　　**广西增值税专用发票**　　№ 10261301

此联不作报销、扣税凭证使用　　4500173130

10261301

开票日期：20××年 12 月 01 日

购买方	名　　　称：夏之梦（南宁）家居用品有限公司 纳税人识别号：91450110020652715X 地 址、电 话：南宁市江南路 8 号 2261503 开户行及账号：工行江南支行 210010100065023179X	密码区	1>>241/04105>2*167/3268->45 <3215*7-025834+0>43/310/-19 1+6924+4580-<6>4-704>8//536 <1>52634/6120<5-13<*2984+22

货物或应税劳务、服务名称	规格型号	单位	数量	单价	金额	税率	税额
1#沙发	五件套	套	20	3000.00	60000.00	17%	10200.00
2#沙发	四件套	套	20	2850.00	57000.00	17%	9690.00
合　计					¥117000.00		¥19890.00
价税合计（大写）	⊗ 壹拾叁万陆仟捌佰玖拾圆整				（小写）¥136890.00		

销售方	名　　　称：郁州市明星家具有限公司 纳税人识别号：91450901001310672X 地 址、电 话：郁州市大华路 10 号 3834218 开户行及账号：工行城西支行 211170300195014601X	备注	

收款人：陈明　　　复核：张平　　　开票人：李海琼　　　销售方：（章）

第一联：记账联　销售方记账凭证

郁州市明星家具有限公司 91450901001310672X 发票专用章

1–3（3）

产品出库单

20××年 12 月 1 日　　　　编　　号：120010

购货方：夏之梦（南宁）家居用品有限公司　　　仓库名称：成品仓库

合同号：销合（20××）28 号　　　提货方式：客户自提

产品名称	规格型号	等级	单位	数量	单位成本	金额									
						千	百	十	万	千	百	十	元	角	分
1#沙发	五件套	优	套	20											
2#沙发	四件套	优	套	20											
合　计															

②记账联

仓库主管：陆源　　　保管：曾丽蓉　　　复核：李春华　　　制单：曾丽蓉

业务解析

经济业务 2：提现金备用，取得票据 2 张。

2–2（1）

中国工商银行

现金支票存根

10205130

15116282

附加信息

出票日期：20××年 12月 1日

收款人：	陈明
金　额：	¥10000.00
用　途：	差旅费及备用
备　注：	

单位主管　　会计　张月萌

2–2（2）

现金/银行支出报批单

申报部门	财务部	填报日期：20××年 12 月 1 日			
支出事由	提现金备作差旅费（申请现金支票）				
金额（大写）零拾壹万零仟零佰零拾零元零角零分　¥10000.00					
经办/领款	经办人：陈明	财务审核	钟立国	领导审批	袁方 2/12

附凭证　张

说明：本单据作为公司内部无票支出现金或申请支票审批流程之用。

经济业务3：销货退回并退款，产品退回仓库，取得票据6张。

业务解析

3-6（1）

ICBC 中国工商银行　进账单（回单）　1

20××年 12 月 2 日

出票人	全　称	郁州市明星家具有限公司	收款人	全　称	广西郁州伟明家具商场
	账　号	211170300195014601X		账　号	4500157805605300114X
	开户银行	工商银行郁州城西支行		开户银行	建设银行郁州金桂支行

金额	人民币（大写）	亿	千	百	十	万	千	百	十	元	角	分
	陆仟伍佰伍拾贰元整					¥	6	5	5	2	0	0

票据种类	转账支票	票据张数	1	中国工商银行股份有限公司郁州城西支行 20XX.12.02 核算用章（01）
票据号码	17205761#			
复核	记账			开户银行盖章

此联是开户银行交给持票人的回单

3-6（2）

中国工商银行

转账支票存根

10212650

17205761

附加信息

签发日期：20××年12月2日

收款人：	广西郁州伟明家具商场
金　额：	¥6552.00
用　途：	退货款
备　注：	

单位主管　　会计 张月萌

3-6（3）

银行转账审批单

20××年 12 月 2 日

收款单位	广西郁州伟明家具商场	开户银行	建行郁州金桂支行
银行账号	4500157805605300114X	转账事由	退 2 套 2#沙发货款
金额（大写）零 拾 零 万 陆 仟 伍 佰 伍 拾 贰 元 零 角 零 分 ¥6552.00			

经办人	部门领导	财务审核	公司领导	备注	
张平	唐浩	钟立国	同意 袁方	有无合同	销售合同
				款项期数	一次付清
				有无发票	红字增值税专用发票
说明：本单据由经办人填写，如无发票先付款的，由经办人负责跟踪索取发票。					

3-6（4）

4500173130　　**广西增值税专用发票**　　№ 10261302

销项负数　　此联不作报销、扣税凭证使用　　4500173130 **10261302**

全国统一发票监制章 广西 国家税务总局监制

开票日期：20××年 12 月 02 日

购买方	名　　称：广西郁州伟明家具商场 纳税人识别号：91450901021367427X 地 址、电 话：郁州市金桂路 10 号 3127568 开户行及账号：建行金桂支行 4500157805605300114X	密码区	6274/-3954*219>2+4095//7631 5072<0931*2532/**9834+31092 //04528*381<69421-541>>-683 4509*176-<091>12/+4329<36*8

货物或应税劳务、服务名称	规格型号	单位	数量	单价	金额	税率	税额
2#沙发	四件套	套	-2	2800.00	-5600.00	17%	-952.00
合　计					¥-5600.00		¥-952.00
价税合计（大写）	⊗（负）陆仟伍佰伍拾贰圆整				（小写）¥-6552.00		

销售方	名　　称：郁州市明星家具有限公司 纳税人识别号：91450901001310672X 地 址、电 话：郁州市大华路 10 号 3834218 开户行及账号：工行城西支行 211170300195014601X	备注	郁州市明星家具有限公司 91450901001310672X 发票专用章

第一联：记账联　销售方记账凭证

收款人：陈明　　复核：张平　　开票人：李海琼　　销售方：（章）

3–6（5）

产品入库单

20××年 12 月 1 日　　　　编　　号：120018

购货方：销售部（郁州伟明家具商场退货重新入库）　　　　仓库名称：成品仓库

合同号：销合（20××）19 号　　　　包装方式：纸箱

产品名称	规格型号	等级	单位	数量	单位成本	金额									
						千	百	十	万	千	百	十	元	角	分
2#沙发	四件套	优	套	2	1700					3	4	0	0	0	0
合　计									¥	3	4	0	0	0	0

②记账联

仓库主管：陆源　　保管：曾丽蓉　　复核：李春华　　制单：曾丽蓉

3–6（6）

开具红字增值税专用发票信息表

填开日期：20××年 12 月 1 日

销售方	名　称	郁州市明星家具有限公司	购买方	名　称	广西郁州伟明家具商场	
	纳税人识别号	91450901001310672X		纳税人识别号	91450901021367427X	
开具红字专用发票内容	货物(劳务服务)名称	数量	单价	金额	税率	税额
	2#沙发	2	2800.00	5600.00	17%	952.00
	合　计			¥5600.00		¥952.00
说　明	一、购买方 ☑ 对应蓝字专用发票抵扣增值税销项税额情况： 1.已抵扣 ☑ 2.未抵扣 ☐ 对应蓝字专用发票的代码：　　号码： 二、销售方 ☐ 对应蓝字专用发票的代码：　　号码：					
红字发票信息表编号	4509020××12005608					

郁州市明星家具有限公司
91450901001310672X
发票专用章

经济业务 4：员工出差借款，取得票据 1 张。

业务解析

4–1

借 款 单

编号：007851

20××年 12 月 2 日

部 门	办公室			借款人	李莺		
借款事由	到南宁专利局办理产品专利事宜						
借款金额（大写） 零 万 贰 仟 零 佰 零 拾 零 元 零 角 零 分 ¥2000.00							
部门意见	情况属实 罗荣棠	财务审核	钟立国	领导审批	同意 袁方	出纳签章	现金付讫 陈明

经济业务 5：销货及代办运输垫付运费，并办妥托收手续，取得票据 7 张。

业务解析

5–7（1）

ICBC 中国工商银行 托收凭证（受理回单）

委托日期 20××年 12 月 4 日　　1

业务类型	委托收款（□邮划、□电划） 托收承付（□邮划、☑电划）							
付款人	全称	桂林市富丽华商业大厦		收款人	全称	郁州市明星家具有限公司		
	账号	61193075207X			账号	211170300195014601X		
	地址	广西省桂林 市/县	开户行 中国银行桂林分行		地址	广西省郁州 市/县	开户行	工商银行城西支行
金额	人民币大写	贰拾万肆仟叁佰零伍圆捌角整				千 百 十 万 千 百 十 元 角 分		
						¥ 2 0 4 3 0 5 8 0		
款项内容	销货款	托收凭证名称	销售发票，运费发票		附寄单证张数	5张		
商品发运情况	商品已发运		合同名称号码		销合（20××）15号			
备注： 复核 记账	款项收妥日期 年 月 日		中国工商银行股份有限公司郁州城西支行 20XX.12.04 业务办讫章(01) 收款人开户银行签章 年 月 日					

此联作收款人开户银行给收款人的受理回单

5–7（2）

4500173130　　**广西增值税专用发票**　　№ 10261303

此联不作报销、扣税凭证使用

（全国统一发票监制章　广西　国家税务总局监制）

4500173130

10261303

开票日期：20××年 12 月 03 日

购买方	名　　称：桂林市富丽华商业大厦 纳税人识别号：91450300120031526X 地 址、电 话：桂林市象山路 6 号 2850262 开户行及账号：中行桂林分行 61193075207X	密码区	>-6401//964*12<1458*63-312/ 06318+346<5*7983//-062>8435 /*90315-4045<693-27/+9070>8 **3265/956-<9>852<34190<*32

货物或应税劳务、服务名称	规格型号	单位	数量	单价	金额	税率	税额
1#沙发	五件套	套	30	2960.00	88800.00	17%	15096.00
2#沙发	四件套	套	30	2780.00	83400.00	17%	14178.00
合　计					¥172200.00		¥29274.00
价税合计（大写）	⊗ 贰拾万壹仟肆佰柒拾肆圆整				（小写）¥201474.00		

销售方	名　　称：郁州市明星家具有限公司 纳税人识别号：91450901001310672X 地 址、电 话：郁州市大华路 10 号 3834218 开户行及账号：工行城西支行 2111703001950146O1X	备注	（郁州市明星家具有限公司　91450901001310672X　发票专用章）

收款人：陈明　　复核：张平　　开票人：李海琼　　销售方：（章）

第一联：记账联　销售方记账凭证

5–7（3）

产品出库单

20××年 12 月 2 日　　　编　　号：120011

购货方：桂林市富丽华商业大厦　　仓库名称：成品仓库

合同号：销合（20××）15 号　　提货方式：代办运输

产品名称	规格型号	等级	单位	数量	单位成本	金额：千	百	十	万	千	百	十	元	角	分
1#沙发	五件套	优	套	30											
2#沙发	四件套	优	套	30											
合　计															

仓库主管：陆源　　保管：曾丽蓉　　复核：李春华　　制单：曾丽蓉

②记账联

5–7（4）

ICBC 中国工商银行 进账单（回单） 1

20××年 12 月 4 日

出票人	全　称	郁州市明星家具有限公司	收款人	全　称	南宁铁路局郁州货运站
	账　号	2111703001950146O1X		账　号	21120062470O16O110X
	开户银行	工商银行郁州城西支行		开户银行	工商银行郁州车站支行

金额	人民币（大写）	亿	千	百	十	万	千	百	十	元	角	分
	贰仟捌佰叁拾壹元捌角整						¥	2	8	3	1	8	0

票据种类	转账支票	票据张数	1
票据号码	17205762#		

复核　　记账

中国工商银行股份有限公司郁州城西支行 20XX.12.04 核算用章（02）

开户银行盖章

此联是开户银行交给持票人的回单

5–7（5）

中国工商银行
转账支票存根
10212650
17205762

附加信息

签发日期：20××年12月4日

收款人：	南宁铁路局郁州货运站
金　额：	¥2831.80
用　途：	代垫家具运输费
备　注：	

单位主管　　会计 张月萌

5–7（6）

银行转账审批单

20××年 12 月 4 日

收款单位	南宁铁路局郁州货运站		开户银行	工行郁州车站支行	
银行账号	2112006247001601110X		转账事由	代垫桂林富丽华商厦货物运费	
金额（大写）零拾零万贰仟捌佰叁拾壹元捌角零分 ¥2831.80					
经办人	部门领导	财务审核	公司领导	备注	
龙腾跃	卢仁和	钟立国	同意 袁方	有无合同	货运合同
				款项期数	一次付清
				有无发票	增值税专用发票
说明：本单由经办人填写，如无发票先付款的，由经办人负责跟踪索取发票。					

5–7（7）

4500173130

广西增值税专用发票

发 票 联

（印章：全国统一发票监制章 广西 国家税务总局监制）

№ 10250895

4500173130

10250895

开票日期：20××年 12 月 02 日

购买方	名称：桂林市富丽华商业大厦 纳税人识别号：91450300120031526X 地址、电话：桂林市象山路 6 号 2850262 开户行及账号：中行桂林分行 61193075207X	密码区	6428<5>42985-*34/+>5428/-23 65+381-<544+2/1273*38>>4/39 >>+69*3901/7842-<6+624->827 92185*15+4285>-7652//326*64

货物或应税劳务、服务名称	规格型号	单位	数量	单价	金额	税率	税额
运输费		车	1	2000.00	2000.00	11%	220.00
铁路建设基金			1	550.00	550.00	11%	60.50
合 计					¥2550.00		¥280.50
价税合计（大写）	⊗贰仟捌佰叁拾壹圆捌角整					（小写）¥2831.80	

销售方	名称：南宁铁路局郁州货运站 纳税人识别号：91450901001310617A 地址、电话：南宁市站前路 50 号 3816573 开户行及账号：工行车站支行 2112006247001601110X	备注	起运地：郁州 到达地：桂林北 管内车皮 木制沙发 印花税：1.30 含印花税共计：2831.80

（印章：南宁铁路局郁州货运站 91450901001310617A 发票专用章）

收款人：苏子芳　　复核：王敏　　开票人：袁琳琳　　销售方：（章）

第三联：发票联 购买方记账凭证

此单为复印件，原件随同其他单据提交银行托收

经济业务 6：外地采购原木，并付款，取得票据 5 张。

业务解析

6–5（1）

ICBC 中国工商银行

业务委托书　回执

桂 B　01428527

委托人全称	郁州市明星家具有限公司
委托人账号	工商银行郁州城西支行 211170300195014601X
收款人全称	东莞市雄泽木材销售有限公司
收款人账号	建设银行东莞虎门支行 440017790550530 0117X
金　额	298350.00
委托日期	20××-12-05

此联为银行受理通知书，若为申请汇票或本票业务，应凭此联领取汇票或本票。

中国工商银行股份有限公司郁州城西支行 20XX.12.05 核算用章（01）

6–5（2）

ICBC 中国工商银行　　15249037

资金汇划补充凭证

网银打印代理网点号：0079　　收报日期：20××1205

业务类型：网上银行付款指令　　业务编号：PAI2591 20××120524302836

付款人账号：211170300195014601X　　收款人账号：440017790550530 0117X

付款人户名：郁州市明星家具有限公司　　收款人户名：东莞市雄泽木材销售有限公司

付款人所在地：广西郁州　　收款人所在地：广东东莞

付款人开户银行：工商银行郁州城西支行　　收款人开户银行：建设银行东莞虎门支行

大写（合计）金额：贰拾玖万捌仟叁佰伍拾元整

小写（合计）金额：RMB298350.00

业务处理状态：联机已记账　　付款方式：　普通

用途：　购货款　　提交人：ChenMing.c.2111　授权人：ZhongLiGuo.c.2111

备注：

柜员号：　F0872358

打印：　　会计主管：　　记账：　　复核：

第二联　客户留存

中国工商银行股份有限公司郁州城西支行 20XX.12.05 核算用章（01）

6–5（3）

银行转账审批单

20××年 12 月 5 日

收款单位	东莞市雄泽木材销售有限公司		开户银行	建设银行东莞虎门支行	
银行账号	4400177905505300117X		转账事由	采购原木款	
金额（大写）贰拾玖万捌仟叁佰伍拾零元零角零分 ¥298350.00					
经办人	部门领导	财务审核	公司领导	备注	
陈同	唐浩	钟立国	同意 袁方	有无合同	购货合同
				款项期数	一次付清
				有无发票	增值税专用发票
说明：本表由经办人填写，如无发票先付款的，由经办人负责跟踪索取发票。					

6–5（4）

4400173130　　广东增值税专用发票　　№ 10289461

4400173130

10289461

开票日期：20××年 12 月 04 日

购买方	名称：郁州市明星家具有限公司 纳税人识别号：91450901001310672X 地址、电话：郁州市大华路 10 号 3834218 开户行及账号：工行城西支行 2111703001950146O1X				密码区	06-/9456/*28//67259*173/52- 862<2519-570*30//*3283>-154 636105*52-4>*654+78/-095>+5 >>*2768-527*34-25/+>254//37	
货物或应税劳务、服务名称	规格型号	单位	数量	单价	金额	税率	税额
原木	成材	立方	170	1500.00	255000.00	17%	43350.00
合计					¥255000.00		¥43350.00
价税合计（大写）	⊗ 贰拾玖万捌仟叁佰伍拾圆整				（小写）¥298350.00		
销售方	名称：东莞市雄泽木材销售有限公司 纳税人识别号：91441900331893626X 地址、电话：东莞市虎门南面路 6 号 2570368 开户行及账号：建行虎门支行 4400177905505300117X				备注		

收款人：张丽　　复核：黄益一　　开票人：蒙仔强　　销售方：（章）

第三联：发票联　购买方记账凭证

6–5（5）

4400173130

广东增值税专用发票

抵 扣 联

№ 10289461

4400173130

10289461

开票日期：20××年 12 月 04 日

购买方	名称：郁州市明星家具有限公司 纳税人识别号：91450901001310672X 地址、电话：郁州市大华路 10 号 3834218 开户行及账号：工行城西支行 2111703001950146O1X			密码区	06-/9456/*28//67259*173/52- 862<2519-570*30//*3283>-154 636105*52-4>*654+78/-095>+5 >>*2768-527*34-25/+>254//37		
货物或应税劳务、服务名称	规格型号	单位	数量	单价	金额	税率	税额
原木	成材	立方	170	1500.00	255000.00	17%	43350.00
合 计					¥255000.00		¥43350.00
价税合计（大写）	⊗ 贰拾玖万捌仟叁佰伍拾圆整				（小写）¥298350.00		
销售方	名称：东莞市雄泽木材销售有限公司 纳税人识别号：91441900331893626X 地址、电话：东莞市虎门南面路 6 号 2570368 开户行及账号：建行虎门支行 44001779055053001 17X			备注	东莞市雄泽木材销售有限公司 91441900331893626X 发票专用章		

第二联：抵扣联 购买方扣税凭证

收款人：张丽　　复核：黄益一　　开票人：蒙仔强　　销售方：（章）

经济业务 7：购进劳保用品，取得票据 7 张。

业务解析

7–7（1）

中国工商银行
转账支票存根
10212650
17205763

附加信息

出票日期：20××年 12 月 6 日

收款人：	郁州市劳保用品商场
金 额：	¥19819.80
用 途：	付劳保用品款
备 注：	

单位主管　　会计 张月萌

7–7（2）

银行转账审批单

20××年 12 月 6 日

收款单位	郁州市劳保用品商场	开户银行	农行郁州广场路支行	
银行账号	20-40580105003561X	转账事由	付劳保用品款	
金额（大写）零拾壹万玖仟捌佰壹拾玖元捌角零分 ¥19819.80				
经办人	部门领导	财务审核	公司领导	备　注
陈同	卢仁和	钟立国	同意 袁方	有无合同：日常采购无合同 款项期数：全付，支票给对方背书 有无发票：增值税专用发票
说明：本表由经办人填写，如无发票先付款的，由经办人负责跟踪索取发票。				

7–7（3）

4500173130

广西增值税专用发票

№ 10263089

4500173130

10263089

开票日期：20××年 12 月 06 日

购买方	名称：郁州市明星家具有限公司 纳税人识别号：914509010013106 72X 地址、电话：郁州市大华路 10 号 3834218 开户行及账号：工行城西支行 2111703001950146 01X	密码区	1358*3915+632<-562+39//71<8 5+4872*3903*42/-358<585/637 /3569+38012//*4241-2376/*93 4-3271*952/7069>*6417-2//69

货物或应税劳务、服务名称	规格型号	单位	数量	单价	金额	税率	税额
劳保用品一批（详见清单）		批	1	16940.00	16940.00	17%	2879.80
合　计					¥16940.00		¥2879.80
价税合计（大写）	⊗ 壹万玖仟捌佰壹拾玖圆捌角整				（小写）¥19819.80		

销售方	名称：郁州市劳保用品商场 纳税人识别号：91450910036420625X 地址、电话：郁州市广场路 4 号 2686273 开户行及账号：农行广场路支行 20-40580105003561X	备注

收款人：陈绵　　复核：冯林森　　开票人：李冠华　　销售方：（章）

第三联：发票联　购买方记账凭证

7–7（4）

4500173130

广西增值税专用发票

抵　扣　联

№ 10263089

4500173130

10263089

开票日期：20××年 12 月 06 日

购买方	名　　称：郁州市明星家具有限公司 纳税人识别号：91450901001310672X 地 址、电 话：郁州市大华路 10 号 3834218 开户行及账号：工行城西支行 211170300195014601X	密码区	1358*3915+632<-562+39//71<8 5+4872*3903*42/-358<585/637 /3569+38012//*4241-2376/*93 4-3271*952/7069>*6417-2//69

货物或应税劳务、服务名称	规格型号	单位	数量	单价	金额	税率	税额
劳保用品一批（详见清单）		批	1	16940.00	16940.00	17%	2879.80
合　计					¥16940.00		¥2879.80
价税合计（大写）	⊗ 壹万玖仟捌佰壹拾玖圆捌角整					（小写）¥19819.80	

销售方	名　　称：郁州市劳保用品商场 纳税人识别号：91450910036420625X 地 址、电 话：郁州市广场路 4 号 2686273 开户行及账号：农行广场路支行 20-40580105003561X	备注	郁州市劳保用品商场 91450910036420625X 发票专用章

收款人：陈绵　　复核：冯林森　　开票人：李冠华　　销售方：（章）

第二联：抵扣联　购买方扣税凭证

7–7（5）

材料入库单

20××年 12 月 6 日　　　　编　　号：0016789

供货单位：郁州市劳保用品商场　　　　材料类别：辅助材料

发票号码：10263089　　　　仓库名称：辅料仓库

材料编号	材料名称	单位	数量		单位成本	分摊运费	总金额								
			应收	实收			百	十	万	千	百	十	元	角	分
FL001	口罩	个	300	300	1						3	0	0	0	0
FL002	毛巾	条	200	200	6					1	2	0	0	0	0
FL003	肥皂	联	100	100	2						2	0	0	0	0
FL004	洗衣粉	包	50	50	8						4	0	0	0	0
合　计		贰仟壹佰元整							¥	2	1	0	0	0	0

②记账联

仓库主管：陆源　　保管：易忆　　复核：封开启　　制单：易忆

7–7（6）

材料入库单

20××年 12 月 6 日　　　　编　号：0016790

供货单位：郁州市劳保用品商场　　　　材料类别：辅助材料

发票号码：10263089　　　　仓库名称：辅料仓库

材料编号	材料名称	单位	数量		单位成本	分摊运费	总金额								
			应收	实收			百	十	万	千	百	十	元	角	分
FL005	工作服	套	80	80	150				1	2	0	0	0	0	0
FL006	防护眼镜	副	50	50	20					1	0	0	0	0	0
FL007	手套	双	300	300	4					1	2	0	0	0	0
FL008	工帽	顶	80	80	8						6	4	0	0	0
合　计		壹万肆仟捌佰肆拾元整						¥	1	4	8	4	0	0	0

②记账联

仓库主管：陆源　　保管：易忆　　复核：封开启　　制单：易忆

7–7（7）

销售货物或者提供应税劳务、服务清单

购买方名称：郁州市明星家具有限公司

销售方名称：郁州市劳保用品商场

所属增值税专用发票代码：4500173130　　发票号码：10263089　　共 1 页　第 1 页

序号	货物或劳务、服务名称	规格型号	单位	数量	单价	金额	税率	税额
1	口罩	大号	个	300	1.00	300.00	17%	51.00
2	毛巾	中号	条	200	6.00	1200.00	17%	204.00
3	肥皂		联	100	2.00	200.00	17%	34.00
4	洗衣粉	300 克	包	50	8.00	400.00	17%	68.00
5	工作服	中号	套	80	150.00	12000.00	17%	2040.00
6	防护眼镜	中号	副	50	20.00	1000.00	17%	170.00
7	手套	中号	双	300	4.00	1200.00	17%	204.00
8	工帽	中号	顶	80	8.00	640.00	17%	108.80
小计						16940.00		2879.80
总计						19819.80		
备注								

郁州市劳保用品商场 91450910036420625X 发票专用章

销售方（章）　　填开日期：2××年 12 月 06 日

注：本清单一式两联：第一联，销售方留存；第二联销售方送交购买方。

业务解析

经济业务 8：销货，已预收货款，取得票据 2 张。

8–2（1）

4500173130

广西增值税专用发票

此联不作报销、扣税凭证使用

№ 10261304

4500173130

10261304

开票日期：20××年 12 月 07 日

购买方	名　　　称：广西贵港市居百惠商贸有限公司 纳税人识别号：9145080065320017AX 地 址、电 话：贵港市金港路 106 号 2351269 开户行及账号：工行贵城分行 210659109200010672X	密码区	576300>+5/1306*27135<312/78 543+8+764/6213<875*579/+124 718*82-4//3405+13<<-526>876 <1>+4218*835262*<8341+639<8

货物或应税劳务、服务名称	规格型号	单位	数量	单价	金额	税率	税额
1#沙发	五件套	套	50	2900.00	147500.00	17%	25075.00
2#沙发	四件套	套	50	2850.00	142500.00	17%	24225.00
合　计					¥290000.00		¥49300.00
价税合计（大写）	⊗ 叁拾叁万玖仟叁佰圆整				（小写）¥339300.00		

销售方	名　　　称：郁州市明星家具有限公司 纳税人识别号：91450901001310672X 地 址、电 话：郁州市大华路 10 号 3834218 开户行及账号：工行城西支行 211170300195014601X	备注	郁州市明星家具有限公司 91450901001310672X 发票专用章

收款人：陈明　　复核：张平　　开票人：李海琼　　销售方：（章）

第一联：记账联　销售方记账凭证

8–2（2）

产品出库单

20××年 12 月 7 日　　　　编　　号：120012

购货方：广西贵港市居百惠商贸有限公司　　　　仓库名称：成品仓库

合同号：销合（20××）22 号　　　　提货方式：自行提货

产品名称	规格型号	等级	单位	数量	单位成本	金额									
						千	百	十	万	千	百	十	元	角	分
1#沙发	五件套	优	套	50											
2#沙发	四件套	优	套	50											
合计															

②记账联

仓库主管：陆源　　保管：曾丽蓉　　复核：李春华　　制单：曾丽蓉

经济业务 9：付采购运费，原木入库，取得票据 6 张。

业务解析

9–6（1）

ICBC 中国工商银行

业务委托书　回执

桂 B　01428528

委托人全称	郁州市明星家具有限公司
委托人账号	工商银行郁州城西支行 211170300195014601X
收款人全称	广铁集团东莞货运站
收款人账号	工商银行新莞支行 201004327006542813X
金　额	13842.38
委托日期	20××-12-08

联为银行受理通知书，若委托人申请汇票或本票业务，应凭此联领取汇票或本票。

中国工商银行股份有限公司郁州城西支行 20XX.12.08 核算用章（01）

9–6（2）

ICBC 中国工商银行　　15249518

资金汇划补充凭证

网银打印代理网点号：0079　　发报日期：20××1208

业务类型:网上银行付款指令　　业务编号：KRT271 20××120828834829

付款人账号：211170300195014601X　　收款人账号：201004327006542813X

付款人户名：郁州市明星家具有限公司　　收款人户名：广铁集团东莞货运站

付款人所在地：广西郁州　　收款人所在地：广东东莞

付款人开户银行：工商银行郁州城西支行　　收款人开户银行：工商银行新莞支行

大写（合计）金额：壹万叁仟捌佰肆拾贰元叁角捌分

小写（合计）金额：RMB13842.38

业务处理状态：联机已记账　　付款方式：　普通

用途：　付运输费　　提交人：ChenMing.c.2111　授权人：ZhongLiGuo.c.2111

备注：

柜员号：　J0872497

打印：　　会计主管：　　记账：　　复核：

第二联　客户留存

中国工商银行股份有限公司郁州城西支行 20XX.12.08 核算用章（01）

9–6（3）

银行转账审批单

20××年 12 月 8 日

收款单位	广铁集团东莞货运站	开户银行	工商银行新莞支行
银行账号	201004327006542813X	转账事由	付原木运输费
金额（大写）零 拾 壹 万 叁 仟 捌 佰 肆 拾 贰 元 叁 角 捌 分 ¥13842.38			

经办人	部门领导	财务审核	公司领导	备　注	
陈同	卢仁和	钟立国	同意 袁方	有无合同	货物运输合同
				款项期数	一次付款
				有无发票	增值税专用发票

说明：本单据由经办人填写，如无发票先付款的，由经办人负责跟踪索取发票。

9–6（4）

4400173130

广东增值税专用发票

发　票　联

№ 10291075

4400173130

10291075

开票日期：20××年 12 月 08 日

购买方	
名　　称：	郁州市明星家具有限公司
纳税人识别号：	91450901001310672X
地　址、电　话：	郁州市大华路 10 号 3834218
开户行及账号：	工行城西支行 211170300195014601X

密码区：
15845+416>1892*4/3306*12-65
/*5804+18262<7>-18922/647-1
**26482+78/49-14*5>8654+78/
734+285->6901>*27//9684*325

货物或应税劳务、服务名称	规格型号	单位	数量	单价	金额	税率	税额
运输费		车	1	9800.00	9800.00	11%	1078.00
铁路建设基金			1	2665.00	2665.00	11%	293.15
合计					¥12465.00		¥1371.15
价税合计（大写）	⊗ 壹万叁仟捌佰肆拾贰圆叁角捌分				（小写）¥13842.38		

销售方	
名　　称：	广铁集团东莞货运站
纳税人识别号：	91440357002462008X
地　址、电　话：	东莞市粤海路 12 号 2507832
开户行及账号：	工行新莞支行 201004327006542813X

备注：起运地：东莞，到达地：郁州
跨局货运　东北原木
印花税：6.23
含印花税共计：13842.38

收款人：陈珊　　复核：招毅　　开票人：梁茹　　销售方：（章）

第三联：发票联　购买方记账凭证

9–6（5）

4400173130

广东增值税专用发票

抵 扣 联

№ 10291075

4400173130

10291075

开票日期：20××年 12 月 08 日

购买方		密码区
购买方	名　　称：郁州市明星家具有限公司 纳税人识别号：91450901001310672X 地 址、电 话：郁州市大华路 10 号 3834218 开户行及账号：工行城西支行 211170300195014601X	15845+416>1892*4/3306*12-65 /*5804+18262<7>-18922/647-1 **26482+78/49-14*5>8654+78/ 734+285->6901>*27//9684*325

货物或应税劳务、服务名称	规格型号	单位	数量	单价	金额	税率	税额
运输费		车	1	9800.00	9800.00	11%	1078.00
铁路建设基金			1	2665.00	2665.00	11%	293.15
合　计					¥12465.00		¥1371.15
价税合计（大写）	⊗ 壹万叁仟捌佰肆拾贰圆叁角捌分					（小写）	¥13842.38

销售方		备注
销售方	名　　称：广铁集团东莞货运站 纳税人识别号：91440357002462008X 地 址、电 话：东莞市粤海路 12 号 2507832 开户行及账号：工行新莞支行 201004327006542813X	起运地：东莞，到达地：郁州 跨局货运　东北原木 印花税：6.23 含印花税共：13848.38

收款人：陈珊　　复核：招毅　　开票人：梁茹　　销售方：（章）

第二联：抵扣联　购买方扣税凭证

9–6（6）

材料入库单

20××年 12 月 8 日　　编　号：0016243

供货单位：东莞市雄泽木材销售公司　　材料类别：主要材料

发票号码：10289461/10291075　　仓库名称：主材料 1 仓

材料编号	材料名称	单位	数量 应收	数量 实收	单位成本	分摊运费	百	十	万	千	百	十	元	角	分
ZL001	原木	立方	170	170	1500	12465		2	6	7	4	6	5	0	0
合　计		贰拾陆万柒仟肆佰陆拾伍元整（单价 1573.32 元）					¥	2	6	7	4	6	5	0	0

（总金额）

②记账联

仓库主管：陆源　　保管：易忆　　复核：封开启　　制单：易忆

经济业务 10：捐资助学，取得票据 3 张。

业务解析

10–3（1）

中国工商银行
转账支票存根
10212650
17205764

附加信息

出票日期：20××年 12 月 9 日

收款人：	郁州市希望工程基金会
金　额：	¥10000.00
用　途：	捐助希望工程

单位主管　　会计 张月萌

10–3（2）

银行转账审批单

20××年 12 月 9 日

<table>
<tr><td>收款单位</td><td>郁州市希望工程基金会</td><td>开户银行</td><td colspan="2">农业银行郁州分行营业部</td></tr>
<tr><td>银行账号</td><td>20-405701040003322</td><td>转账事由</td><td colspan="2">捐助北部山区希望小学</td></tr>
<tr><td colspan="5">金额（大写）零 拾 壹 万 零 仟 零 佰 零 拾 零 元 零 角 零 分 ¥10000.00</td></tr>
</table>

<table>
<tr><td rowspan="4">经办人
李莺</td><td rowspan="4">部门核准
罗荣棠</td><td rowspan="4">财务审核
钟立国</td><td rowspan="4">公司领导
同意
袁方</td><td colspan="2">备　注</td></tr>
<tr><td>有无合同</td><td>捐助协议</td></tr>
<tr><td>款项期数</td><td>支票给基金会背书入账</td></tr>
<tr><td>有无发票</td><td>捐赠收据</td></tr>
<tr><td colspan="6">说明：本单据由经办人填写，如无发票先付款的，由经办人负责跟踪索取发票。</td></tr>
</table>

10-3（3）

公益事业捐赠统一票据

№ 0451701255

20××年 12 月 9 日

捐赠人：郁州市明星家具有限公司

项　目	现金/实物	数 量	单　价	金　额
希望工程捐助	现金			10000.00
合计金额（小写）	RMB10000.00			
合计金额（大写）	人民币壹万元整			

复核人：郑佳　　开票人：张湘湖　　接受单位（盖章）

第二联　收据联

郁州市希望工程基金会　财务专用章

经济业务 11：结业务招待费，取得票据 3 张。

业务解析

11-3（1）

中国工商银行
转账支票存根
10212650
17205765

附加信息

出票日期：20××年 12 月 10 日

收款人：	郁州市大都会商务酒店
金　额：	¥9540.00
用　途：	付业务招待餐费

单位主管　　会计 张月萌

11–3（2）

银行转账审批单

20××年 12 月 4 日

收款单位	郁州市大都会商务酒店		开户银行	中国银行郁州分行
银行账号	61816414329X		转账事由	结 11—12 月招待客户餐费
金额（大写）零 拾 零 万 玖 仟 伍 佰 肆 拾 零 元 零 角 零 分 ¥9540.00				

经办人	部门领导	财务审核	公司领导	备　注	
李莺	罗荣棠	钟立国	同意 袁方	有无合同	定点接待酒店/协议
				款项期数	定期结，支票给对方背书
				有无发票	增值税普通发票
说明：本单由经办人填写，如无发票先付款的，由经办人负责跟踪索取发票。					

11–3（3）

045001723204

广西增值税普通发票

抵　扣　联

№ 12675329

045001723204

12675329

校验码 45372 38294 65028 81432

开票日期：20××年 12 月 10 日

购买方	名　　称：郁州市明星家具有限公司 纳税人识别号：91450901001310672X 地 址、电 话：郁州市大华路 10 号 3834218 开户行及账号：工行城西支行 2111703001950146O1X	密码区	<652143+2975*3560/459233-18 7856*246//*<-69013+32>182/5 //6475*1893-/562>614*70/-26 *19082<-85634*39/3519>2325/

货物或应税劳务、服务名称	规格型号	单位	数量	单价	金额	税率	税额
餐费			1	9000.00	9000.00	6%	540.00
合计					¥9000.00		¥540.00
价税合计（大写）	⊗ 玖仟伍佰肆拾圆整				（小写）¥9540.00		

销售方	名　　称：郁州市大都会商务酒店 纳税人识别号：91450901832000451X 地 址、电 话：郁州市江南路 100 号 3260452 开户行及账号：中行郁州分行 61816414329X	备注	郁州市大都会商务酒店 91450901832000451X 发票专用章

收款人：朱影珊　　复核：江婉　　开票人：冯云韵　　销售方：（章）

第三联：发票联　购买方记账凭证

经济业务 12：购进材料不合格，退货并收到退款，取得票据 5 张。

业务解析

12–5（1）

ICBC 中国工商银行　业务回单（收款）

入账日期：20××-12-10　　回单编号：21120001956

付款人户名：深圳市泰深板材有限公司
付款人账号：4400113200056492533X
付款人开户行：建设银行深南路支行
收款人户名：郁州市明星家具有限公司
收款人账号：21117030019501460 1X
收款人开户行：工商银行郁州城西支行
币种：人民币　金额（小写）：RMB18837.00
金额(大写)：壹万捌仟捌佰叁拾柒元整
凭证种类：资金汇划补充凭证　凭证号码：00120817
业务（产品）种类：汇划收报　摘要：退购材料款　用途：退货款
交易机构号：0211200630　记账柜员：004　交易代码：42113
汇划种类：汇兑　客户附言：退货款　发报行行号：44012014　收报行行号：27953674

第 1 次打印，注意重复　打印日期：20××年 12 月 10 日　打印柜员：3　验证码：4LIVE2793215

中国工商银行股份有限公司郁州城西支行
20XX.12.10
核算用章（02）

12–5（2）

4400173130
销项负数

广东增值税专用发票
发票联
国家税务总局监制

№ 10289967

4400173130
10289967

开票日期：20××年 12 月 09 日

购买方	名　　称：郁州市明星家具有限公司 纳税人识别号：91450901001310672X 地 址、电 话：郁州市大华路 10 号 3834218 开户行及账号：工行城西支行 21117030019501460 1X				密码区	06-/9456/*28//67259*173/52- 862<2519-570*30//*3283>-154 636105*52-4>*654+78/-095>+5 >>*2768-527*34-25/+>254//37		
货物或应税劳务、服务名称	规格型号	单位	数量	单价	金额	税率	税额	
板材	优等	立方	-7	2300.00	-16100.00	17%	-2737.00	
合　计					¥-16100.00		¥-2737.00	
价税合计（大写）	⊗（负）壹万捌仟捌佰叁拾柒圆整					（小写）¥-18837.00		
销售方	名　　称：深圳市泰深板材有限公司 纳税人识别号：91442001783100257X 地 址、电 话：深圳市南关路 9 号 2248796 开户行及账号：建行深南支行 4400113200056492533X				备注	深圳市泰深板材有限公司 91442001783100257X 发票专用章		

收款人：孟春莲　复核：吕华　开票人：胡维健　销售方：（章）

第三联：发票联　购买方记账凭证

12–5（3）

4400173130
销项负数

广东增值税专用发票

抵 扣 联

（全国统一发票监制章 广东 国家税务总局监制）

№ 10289967

4400173130
10289967

开票日期：20××年 12 月 09 日

购买方	名　　称：郁州市明星家具有限公司 纳税人识别号：91450901001310672X 地 址、电 话：郁州市大华路 10 号 3834218 开户行及账号：工行城西支行 211170300195014601X	密码区	06-/9456/*28//67259*173/52- 862<2519-570*30//*3283>-154 636105*52-4>*654+78/-095>+5 >>*2768-527*34-25/+>254//37

货物或应税劳务、服务名称	规格型号	单位	数量	单价	金额	税率	税额
板材	优等	立方	-7	2300.00	-16100.00	17%	-2737.00
合　计					¥-16100.00		¥-2737.00
价税合计（大写）	⊗（负）壹万捌仟捌佰叁拾柒圆整				（小写）¥-18837.00		

销售方	名　　称：深圳市泰深板材有限公司 纳税人识别号：91442001783100257X 地 址、电 话：深圳市南关路 9 号 2248796 开户行及账号：建行深南支行 4400113200056492533X	备注	深圳市泰深板材有限公司 91442001783100257X 发票专用章

收款人：孟春莲　　复核：吕华　　开票人：胡维健　　销售方：（章）

第二联：抵扣联　购买方扣税凭证

12–5（4）

材料入库单

20××年 12 月 10 日　　编　　号：00156780

供货单位：深圳市泰深板材有限公司（退货）　　材料类别：主要材料

发票号码：10289967　　仓库名称：主材料 2 仓

材料编号	材料名称	单位	数量		单位成本	分摊运费	总金额								
			应收	实收			百	十	万	千	百	十	元	角	分
ZL002	板材	立方	7	7	2300.00				1	6	1	0	0	0	0
合计		壹万陆仟壹佰元整						¥	1	6	1	0	0	0	0

②记账联

仓库主管：陆源　　保管：易忆　　复核：毕晖　　制单：易忆

12–5（5）

开具红字增值税专用发票信息表

填开日期：20××年 12 月 9 日

销售方	名称	深圳市泰深板材有限公司	购买方	名称	郁州市明星家具有限公司	
	纳税人识别号	91442001783100257X		纳税人识别号	91450901001310672X	
开具红字专用发票内容	货物(劳务服务)名称	数量	单价	金额	税率	税额
	板材	7	2300.00	16100.00	17%	2737.00
	合　计			¥16100.00		¥2737.00
说　明	一、购买方 ☑ 对应蓝字专用发票抵扣增值税销项税额情况： 1.已抵扣 ☑ 2.未抵扣 ☐ 对应蓝字专用发票的代码：　　号码： 二、销售方 ☐ 对应蓝字专用发票的代码：　　号码：					
红字发票信息表编号	4509020××12009832					

郁州市明星家具有限公司 91450901001310672X 发票专用章

经济业务 13：领原木用于解板，取得票据 1 张。

13–1

业务解析

领料单

20××年 12 月 10 日

发料仓库：主料 1 仓　　编　　号：0019581

领料部门：解板车间　　生产任务单号：00120001

编号	名称	规格型号	单位	请领数	实领数	单位成本	金额 百	十	万	千	百	十	元	角	分
ZL001	原木	成材	立方	170	170	1573.32		2	6	7	4	6	5	0	0
用途：	解开做板材						¥	2	6	7	4	6	5	0	0

②记账联

车间主任：杜永彬　　仓库保管：易忆　　领料人：邓龙岗　　制单人：易忆

业务解析

经济业务 14：收回销售货款，取得票据 1 张。

14–1

ICBC 中国工商银行　业务回单　（收款）

入账日期：20××-12-10　回单编号：21120001174

付款人户名：柳州市现代家居用品商场

付款人账号：211020010008639652X

付款人开户行：工商银行柳州河东支行

收款人户名：郁州市明星家具有限公司

收款人账号：211170300195014601X

收款人开户行：工商银行郁州城西支行

币种：人民币　金额(小写)：RMB150000.00

金额(大写)：壹拾伍万圆整

凭证种类：资金汇划补充凭证　凭证号码：00120689

业务（产品）种类：汇划收报　摘要：支付货款　用途：货款

交易机构号：0211200630　记账柜员：004　交易代码：52191

汇划种类：汇兑　客户附言：货款　发报行行号：21020533　收报行行号：27953674

第 1 次打印，注意重复　打印日期：20××年 12 月 10 日　打印柜员：2　验证码：2K1EY8715304

中国工商银行股份有限公司郁州城西支行　20XX. 12. 10　核算用章（02）

业务解析

经济业务 15：付员工困难补助，取得票据 2 张。

15–2（1）

现金/银行支出报批单

申报部门	设计部	填报日期：20×× 年 12 月 11 日			
支出事由	支付谢增元生活困难补助				
金额（大写）零拾零万叁仟零佰零拾零元零角零分　¥3000.00　现金付讫					
经办/领款	领款人：谢增元	财务审核	钟立国	领导审批	袁方 11/12

附凭证 1 张

15–2（2）

关于谢增元同志申请生活困难补助的批复

谢增元同志：

你申请生活困难补助的报告经公司领导阅示，鉴于你患有慢性疾病，治疗周期长，花费较大，并且要供小孩读大学，导致一定的生活困难，公司从关怀员工出发，决定给你适当的补助，计人民币叁仟元整（¥3000.00）。

请持此批复到财务部领款。

郁州市明星家具有限公司 办公室

办公室

20××年 12 月 11 日

经济业务 16：员工报销差旅费，取得票据 5 张。

业务解析

16–5（1）

费用报销单

编号：007850

填报人	王晓		填报日期：20××年 12 月 11 日				
报销事项	出差北海采购板材差旅费						
金额（大写）零 拾 零 万 壹 仟 贰 佰 捌 拾 零 元 零 角 零 分 ¥1280.00							
财务审核	钟立国	领导审批	袁方	出纳签章	现金付讫 陈明	领款人	王晓

附凭证 2 张

说明：此单据作为核批外来单据以及费用报账封面之用。

16–5（2）

差旅费报销汇集单

部门：供应部　　　　　　　　　　　　　　　　填报日期：20××年12月11日

出差人			王晓				出差事由		北海市联系采购板材事项				
出发			到达			交通工具	交通费		住宿费		伙食、市内交通费		
月	日	地点	月	日	地点		单据	金额	天数	金额	项目	单据	金额
12	7	郁州	12	7	北海	汽车	1	120	2	500	伙食补	定额	300
12	9	北海	12	9	郁州	汽车	1	120			公交补	定额	240
合计								240		500			540
报销总额	壹仟贰佰捌拾元整　¥1280.00						预支差费		0.00		补领不足：1280.00 归还多余：		
审批：袁方			审核：钟立国				出纳：陈明				领款人：王晓		

附件 3 张

附件

16–5（3）

广西壮族自治区　国家税务局通用机打发票
（全国统一发票监制章　广西郁州市　国家税务局监制）
行业分类：交通运输　　发票联
郁州　至　北海
票　　价：¥120.00 元　　座位：6 号
乘车时间：20××年 12 月 07 日 10:00
乘车地点：东郊站 5 号门
发票代码：145091600228
发票号码：03341398
查 询 码：169694410960
（郁州市快速客运有限责任公司　91450901300651207X　发票专用章）
当日当次有效（手写无效）

广西壮族自治区　国家税务局通用机打发票
（全国统一发票监制章　广西北海市　国家税务局监制）
行业分类：交通运输　　发票联
北海　至　郁州
票　　价：¥120.00 元　　座位：12 号
乘车时间：20××年 12 月 09 日 12:20
乘车地点：北海南站　8 号检票口
发票代码：145051622519
发票号码：03195107
查 询 码：164575816252
（北海市奔马客运有限责任公司　91450501350073492X　发票专用章）
当日当次有效（手写无效）

16–5（4）

045001723204　　广西增值税普通发票　　№ 12576630

发　票

045001723204

12576630

校验码　84321 26703 45160 71258　　开票日期：20××年 12 月 09 日

购买方	名　　称：郁州市明星家具有限公司 纳税人识别号：91450901001310672X 地 址、电 话：郁州市大华路 10 号 3834218 开户行及账号：工行城西支行 211170300195014601X	密码区	2+9->9234614<07*723156-18*6 **<2903/9+223->+65182//5382 4-+/>925614+70/-2628012*136 90*12<175632/35+19>-872329/

货物或应税劳务、服务名称	规格型号	单位	数量	单价	金额	税率	税额
住宿费		天	2	235.85	471.70	6%	28.30
合　计					¥471.70		¥28.30
价税合计（大写）	⊗ 伍佰圆整				（小写）¥500.00		

销售方	名　　称：北海市白沙滩商务酒店 纳税人识别号：91450501100684139X 地 址、电 话：北海市海波路 18 号 2681365 开户行及账号：中行北海分行 61158620036X	备注	旅客姓名：王晓 人数：1 人

收款人：周玉碧　　复核：白莲　　开票人：李瑞华　　销售方：（章）

第二联：发票联　购买方记账凭证

16–5（5）

出差审批单

20××年 12月 6日

部　门	供应部	出差人	王晓
出差事由	到北海联系采购板材事宜	预计天数	预计 12 月 7 日至 9 日来回 3 天
同行人员	无	交通工具	乘坐汽车（直达快巴）
预借差费	否	其　他	
部门意见	情况属实，同意出差。卢仁和　6/12		
领导审批	同意　袁方　6/12		
备　注	公司员工出差前，均应填报此审批单，作为报销差旅费必备文件。		

业务解析

经济业务 17：转让多余板材，货款尚未收到，取得票据 2 张。

17–2（1）

4500173130

广西增值税专用发票

此联不作报销、扣税凭证使用

（全国统一发票监制章　广西　国家税务总局监制）

№ 10261305

4500173130

10261305

开票日期：20××年 12 月 12 日

购买方	名　　称：郁州市木器制作有限公司 纳税人识别号：91450912006743010X 地 址、电 话：郁州市外环路 30 号 2833265 开户行及账号：农行环城支行 20-40570104100025X	密码区	62481+873*98//381->04561>32 *<-918321+792/+-583483>4561 //*12765-33701<65>*4821>853 6324-19*<1526-//953<5-<*729

货物或应税劳务、服务名称	规格型号	单位	数量	单价	金额	税率	税额
板材	3CM	立方	30	2500.00	75000.00	17%	12750.00
合　计					¥75000.00		¥12750.00
价税合计（大写）	⊗ 捌万柒仟柒佰伍拾圆整				（小写）¥87750.00		

销售方	名　　称：郁州市明星家具有限公司 纳税人识别号：91450901001310672X 地 址、电 话：郁州市大华路 10 号 3834218 开户行及账号：工行城西支行 2111703001950146 01X	备注	（郁州市明星家具有限公司　91450901001310672X　发票专用章）

收款人：陈明　　复核：张平　　开票人：李海琼　　销售方：（章）

第一联：记账联　购买方记账凭证

17–2（2）

材料出库单

20××年 12 月 12 日　　编　　号：120010

购货方：郁州市木器制作有限公司　　仓库名称：主材料 2 仓库

合同号：转让料合（20××）3 号　　提货方式：客户自提

产品名称	规格型号	等级	单位	数量	单位成本	金额 千	百	十	万	千	百	十	元	角	分
板材	3CM	优	立方	30											
合计															

仓库主管：陆源　　保管：易忆　　复核：张平　　制单：易忆

②记账联

业务解析

经济业务 18：购进辅助材料，未付货款，取得票据 4 张。

18–4（1）

4500173130

广西增值税专用发票

发 票 联

全国统一发票监制章 广西 国家税务总局监制

№ 10263794

4500173130

10263794

开票日期：20××年 12 月 12 日

购买方	名　　称：郁州市明星家具有限公司 纳税人识别号：91450901001310672X 地 址、电 话：郁州市大华路 10 号 3834218 开户行及账号：工行城西支行 211170300195014601X				密码区	354+326925>12/873+4*624<8>7 //5198-286*72-3510//*<52596 1546+60324-714/9*124+432//9 >8/>-3527380*19082/*0724>56		
货物或应税劳务、服务名称	规格型号	单位	数量	单价		金额	税率	税额
三棵树油漆（底漆）	5L	桶	20	230.00		4600.00	17%	782.00
三棵树油漆（面漆）	5L	桶	20	288.00		5760.00	17%	979.20
合　计						¥10360.00		¥1761.20
价税合计（大写）	⊗ 壹万贰仟壹佰贰拾壹圆贰角整					（小写）¥12121.20		
销售方	名　　称：郁州市南风油漆经销公司 纳税人识别号：91450910113400268X 地 址、电 话：郁州市胜利路 21 号 2691362 开户行及账号：中行东郊支行 62618200155X				备注	郁州市南风油漆经销公司 91450910113400268X 发票专用章		

收款人：叶秋红　　复核：马斯鸣　　开票人：张婷　　销售方：（章）

第三联：发票联　购买方记账凭证

18–4（2）

4500173130

广西增值税专用发票

抵 扣 联

全国统一发票监制章 广西 国家税务总局监制

№ 10263794

4500173130

10263794

开票日期：20××年 12 月 12 日

购买方	名　　称：郁州市明星家具有限公司 纳税人识别号：91450901001310672X 地 址、电 话：郁州市大华路 10 号 3834218 开户行及账号：工行城西支行 211170300195014601X				密码区	354+326925>12/873+4*624<8>7 //5198-286*72-3510//*<52596 1546+60324-714/9*124+432//9 >8/>-3527380*19082/*0724>56		
货物或应税劳务、服务名称	规格型号	单位	数量	单价		金额	税率	税额
三棵树油漆（底漆）	5L	桶	20	230.00		4600.00	17%	782.00
三棵树油漆（面漆）	5L	桶	20	288.00		5760.00	17%	979.20
合　计						¥10360.00		¥1761.20
价税合计（大写）	⊗ 壹万贰仟壹佰贰拾壹圆贰角整					（小写）¥12121.20		
销售方	名　　称：郁州市南风油漆经销公司 纳税人识别号：91450910113400268X 地 址、电 话：郁州市胜利路 21 号 2691362 开户行及账号：中行东郊支行 62618200155X				备注	郁州市南风油漆经销公司 91450910113400268X 发票专用章		

收款人：叶秋红　　复核：马斯鸣　　开票人：张婷　　销售方：（章）

第二联：抵扣联　购买方扣税凭证

18–4（3）

材料入库单

20××年 12 月 12 日　　　　编　　号：0015691

供货单位：郁州市南风油漆经销公司　　　　材料类别：辅助材料

发票号码：10263794　　　　仓库名称：辅料仓库

材料编号	材料名称	单位	数　量		单位成本	分摊运费	总金额								
			应收	实收			百	十	万	千	百	十	元	角	分
FL009	三棵树底漆	桶	20	20	230.00					4	6	0	0	0	0
FL010	三棵树底漆	桶	20	20	288.00					5	7	6	0	0	0
合　计		壹万零叁佰陆拾元整						¥	1	0	3	6	0	0	0

②记账联

仓库主管：陆源　　　　保管：易忆　　　　复核：毕晖　　　　制单：易忆

18-4（4）

郁州市南风油漆经销公司送货单

№ 002432

20××年 12 月 10 日

客户名称：郁州市明星家具有限公司

序号	货物名称	规格型号	单位	数量	单价（不含税）	金　额
1	三棵树油漆（底漆）	5L	桶	20	230	4600.00
2	三棵树油漆（面漆）	5L	桶	20	288	5760.00
合　计						10360.00

②交客户

郁州市南风油漆经销公司
91450910113400268X
发票专用章

送货人：邓南周　　　　接收人：易忆

经济业务 19：发放 12 月份工资，取得票据 6 张。

业务解析

19–6（1）

ICBC 中国工商银行 进账单（回单） 1

20××年 12 月 13 日

出票人	全　称	郁州市明星家具有限公司	收款人	全　称	郁州市明星家具有限公司工资代发户
	账　号	2111703001950146O1X		账　号	211170300000054622X
	开户银行	工商银行郁州城西支行		开户银行	工商银行郁州城西支行
金额	人民币（大写）	贰拾叁万叁仟叁佰贰拾柒元整		亿千百十万千百十元角分	¥23332700
票据种类	转账支票	票据张数	1		
票据号码	17205766#				
复核　记账				开户银行盖章	

亿	千	百	十	万	千	百	十	元	角	分
		¥	2	3	3	3	2	7	0	0

中国工商银行股份有限公司郁州城西支行 20XX.12.13 核算用章（01）

此联是开户银行交给持票人的回单

19–6（2）

中国工商银行
转账支票存根
10212650
17205766

附加信息

出票日期：20××年 12 月 13 日

收款人：	郁州市明星家具有限公司代发工资户
金　额：	¥233327.00
用　途：	发放 12 月份工资
备　注：	

单位主管　　会计 张月萌

19–6（3）

银行转账审批单

20××年 12 月 13 日

收款单位	郁州市明星家具有限公司代发工资户		开户银行		工行郁州城西支行
银行账号	211170300000054622X		转账事由		发放12月份工资
金额（大写）贰拾叁万叁仟叁佰贰拾柒元零角零分 ¥233327.00					
经办人	部门领导	财务审核	公司领导	备　　注	
杨晶莹	李莺	钟立国	同意 袁方	有无合同	代发工资协议
				款项期数	12月份
				有无发票	工资发放表
说明：本单据由经办人填写，如无发票先付款的，由经办人负责跟踪索取发票。					

19–6（4）

批量代收（付）业务汇总清单

日期：20××年12月13日　　　　要求入账日期：20××年 12 月 13 日

委托单位	全　　称　郁州市明星家具有限公司		
	开户银行　工商银行城西支行	签约账号　211170300000054622X	
金　额 （大写）	贰拾叁万叁仟叁佰贰拾柒元整	金　额 （小写）	¥233327.00
业务类型	□代收/扣　☑代付/发　□混批　摘要：20××年12月工资		
加密磁盘数量：1　文件编号：DFGZ20110900365240021			
总笔数：70　（开户笔数　0　）			
委托单位印章 郁州市明星家具有限公司 财务专用章 之袁 印方 填制人：陈明 主管：钟立国		银行印章 中国工商银行股份有限公司郁州城西支行 20XX.12.13 核算用章（01） 受理人： 受理日期：	

19–6（5）

12 月份工资发放汇总表

编制部门：办公室　　　　20××年 12 月　　　　单位：元

部门	人员类别	应发工资	个人扣款						实发工资
			个税	养老	失业	医疗	住房公积	合计	
解板车间	生产工人	35000	35.20	2800.00	175.00	700.00	3500.00	7210.20	27789.80
	管理人员	12000	10.30	960.00	60.00	240.00	1200.00	2470.30	9529.70
成型车间	生产工人	51000	56.80	4080.00	255.00	1020.00	5100.00	10511.80	40488.20
	管理人员	14800	12.30	1184.00	74.00	296.00	1480.00	3046.30	11753.70
烤漆车间	生产工人	41500	69.40	3320.00	207.50	830.00	4150.00	8576.90	32923.10
	管理人员	13700	11.50	1096.00	68.50	274.00	1370.00	2820.00	10880.00
办公室		22500	43.20	1800.00	112.50	450.00	2250.00	4655.70	17844.30
财务部		12000	11.50	960.00	60.00	240.00	1200.00	2471.50	9528.50
生产部		16800	11.90	1344.00	84.00	336.00	1680.00	3455.90	13344.10
设计部		27900	83.40	2232.00	139.50	558.00	2790.00	5802.90	22097.10
销售部		25000	26.20	2000.00	125.00	500.00	2500.00	5151.20	19848.80
供应部		21800	31.30	1744.00	109.00	436.00	2180.00	4500.30	17299.70
合　计		294000	403.00	23520.00	1470.00	5880.00	29400.00	60673.00	233327.00

审批：袁方　　　　复核：钟立国　　　　制表：杨晶莹

12 月份工资发放表明细表略。

19–6（6）

工商银行代收代付成功清单

交易日期：20××年12月13日

单位编号	450000135	单位名称	郁州市明星家具有限公司		业务名称	代发
机构编号	450660446	批号	P20171215000056452		摘　要	工资
序号	个人账号	姓名	入账金额	状态说明	备注	
1	450660446119530001X	袁方	5261.80	处理成功	交易成功	入卡
2	450660446119530002X	罗荣棠	4130.70	处理成功	交易成功	入卡
3	450660446119530003X	钟立国	4008.20	处理成功	交易成功	入卡
4	450660446119530004X	陈明	3145.40	处理成功	交易成功	入卡
…	…	…	…	…	…	…
…	…	…	…	…	…	…
70	450660446119530070X	王晓	3018.90	处理成功	交易成功	入卡
总笔数		70	总金额		233327.00	
成功笔数		70	成功金额		233327.00	
失败笔数		0	失败金额		0.00	
主管：		复核：			记账：	

经济业务 20：购进材料，原已预付货款，取得票据 3 张。

业务解析

20-3（1）

4500173130

广西增值税专用发票

发票联

№ 10264132

4500173130

10264132

开票日期：20××年 12 月 12 日

购买方	名　　称：郁州市明星家具有限公司 纳税人识别号：91450901001310672X 地 址、电 话：郁州市大华路 10 号 3834218 开户行及账号：工行城西支行 211170300195014601X	密码区	8*21352-42>1026//+46*624<82 9024-5186/*950386+6351//-18 *564076-2303//*-471240/29+9 61290>8*32/1163-6>90//52186

货物或应税劳务、服务名称	规格型号	单位	数量	单价	金额	税率	税额
橡木板材	优	立方	80	2350.00	188000.00	17%	31960.00
合　计					¥188000.00		¥31960.00
价税合计（大写）	⊗ 贰拾壹万玖仟玖佰陆拾圆整				（小写）¥219960.00		

销售方	名　　称：北海市银海板材有限公司 纳税人识别号：91450520145810073X 地 址、电 话：北海市椰林路 9 号 3487569 开户行及账号：工行银沙支行 2016591009300 01085X	备注	

收款人：黎林文　　复核：甘春风　　开票人：王瑶　　销售方：（章）

第三联：发票联　购买方记账凭证

20-3（2）

4500173130

广西增值税专用发票

抵扣联

№ 10264132

4500173130

10264132

开票日期：20××年 12 月 12 日

购买方	名　　称：郁州市明星家具有限公司 纳税人识别号：91450901001310672X 地 址、电 话：郁州市大华路 10 号 3834218 开户行及账号：工行城西支行 211170300195014601X	密码区	8*21352-42>1026//+46*624<82 9024-5186/*950386+6351//-18 *564076-2303//*-471240/29+9 61290>8*32/1163-6>90//52186

货物或应税劳务、服务名称	规格型号	单位	数量	单价	金额	税率	税额
橡木板材	优	立方	80	2350.00	188000.00	17%	31960.00
合　计					¥188000.00		¥31960.00
价税合计（大写）	⊗ 贰拾壹万玖仟玖佰陆拾圆整				（小写）¥219960.00		

销售方	名　　称：北海市银海板材有限公司 纳税人识别号：91450520145810073X 地 址、电 话：北海市椰林路 9 号 3487569 开户行及账号：工行银沙支行 2016591009300 01085X	备注	

收款人：黎林文　　复核：甘春风　　开票人：王瑶　　销售方：（章）

第二联：抵扣联　购买方扣税凭证

20-3（3）

材料入库单

20××年 12 月 14 日　　　　编　　号：0016791

供货单位：北海市银海板材有限公司　　　　材料类别：主要材料

发票号码：10264132　　　　仓库名称：主材料 2 仓

材料编号	材料名称	单位	数量		单位成本	分摊运费	总金额								
			应收	实收			百	十	万	千	百	十	元	角	分
ZL002	橡木板材	立方	80	80	2350.00			1	8	8	0	0	0	0	0
合　计		壹拾捌万捌仟圆整					¥	1	8	8	0	0	0	0	0

②记账联

仓库主管：陆源　　　保管：易忆　　　检验：毕晖　　　制单：易忆

经济业务 21：计提 12 月份“五险一金”，取得票据 1 张。

业务解析

21-1

12 月份五险一金计提表

编制单位：明星家具公司　　　20××年 12 月　　　单位：元

部门	人员类别	应发工资	养老	失业	工伤	生育	医疗	住房公积	合计
解板车间	生产工人	35000	7000	350	175	175	2800	3500	14000
	管理人员	12000	2400	120	60	60	960	1200	4800
成型车间	生产工人	51000	10200	510	255	255	4080	5100	20400
	管理人员	14800	2960	148	74	74	1184	1480	5920
烤漆车间	生产工人	41500	8300	415	208	208	3320	4150	16600
	管理人员	13700	2740	137	69	69	1096	1370	5480
办公室		22500	4500	225	113	113	1800	2250	9000
财务部		12000	2400	120	60	60	960	1200	4800
生产部		16800	3360	168	84	84	1344	1680	6720
设计部		27900	5580	279	140	140	2232	2790	11160
销售部		25000	5000	250	125	125	2000	2500	10000
供应部		21800	4360	218	109	109	1744	2180	8720
合计		294000	58800	2940	1470	1470	23520	29400	117600

审核：钟立国　　　　制表：杨晶莹

经济业务22：购进包装材料，取得票据5张。

业务解析

22–5（1）

中国工商银行
转账支票存根
10212650
17205767

附加信息

出票日期：20××年12月14日

收款人：	郁州市华发包装材料有限公司
金　额：	¥33930.00
用　途：	付包装材料款
备　注：	

单位主管　　会计 张月萌

22–5（2）

银行转账审批单

20××年 12 月 14 日

收款单位	郁州市华发包装材料有限公司		开户银行	中国银行郁州分行营业部	
银行账号	61195749078X		转账事由	付包装材料款	
金额（大写）零拾叁万叁仟玖佰叁拾零元零角零分 ¥33930.00					
经办人	部门领导	财务审核	公司领导	备注	
龙腾跃	卢仁和	钟立国	同意 袁方	有无合同	购销合同
				款项期数	全付，给支票对方背书
				有无发票	增值税专用发票
说明：本单据由经办人填写，如无发票先付款的，由经办人负责跟踪索取发票。					

22-5（3）

4500173130

广西增值税专用发票

发　票　联

№ 10264827

4500173130

10264827

开票日期：20××年 12 月 14 日

购买方	名　　称：郁州市明星家具有限公司 纳税人识别号：91450901001310672X 地 址、电 话：郁州市大华路 10 号 3834218 开户行及账号：工行城西支行 211170300195014601X	密码区	513572+28043//673*902-472>8 9**290274/569>518/*950//386 /*67564+230/*6219-4712//283 9012-632>>87-2329//19164-64

货物或应税劳务、服务名称	规格型号	单位	数量	单价	金额	税率	税额
包装纸箱	大号	个	300	80.00	24000.00	17%	4080.00
泡沫包装条	优	立方	2	2000.00	4000.00	17%	680.00
包装带	优	卷	20	50.00	1000.00	17%	170.00
合　计					¥29000.00		¥4930.00
价税合计（大写）	⊗ 叁万叁仟玖佰叁拾圆整				（小写）¥33930.00		

销售方	名　　称：郁州市华发包装材料有限公司 纳税人识别号：91450901200372084X 地 址、电 话：郁州市平沙路 21 号 3085726 开户行及账号：中行郁州分行 61195749078X	备注	

收款人：蓝叶　　复核：李白梅　　开票人：朱媛媛　　销售方：（章）

第三联：发票联　购买方记账凭证

22-5（4）

4500173130

广西增值税专用发票

抵　扣　联

№ 10264827

4500173130

10264827

开票日期：20××年 12 月 14 日

购买方	名　　称：郁州市明星家具有限公司 纳税人识别号：91450901001310672X 地 址、电 话：郁州市大华路 10 号 3834218 开户行及账号：工行城西支行 211170300195014601X	密码区	513572+28043//673*902-472>8 9**290274/569>518/*950//386 /*67564+230/*6219-4712//283 9012-632>>87-2329//19164-64

货物或应税劳务、服务名称	规格型号	单位	数量	单价	金额	税率	税额
包装纸箱	大号	个	300	80.00	24000.00	17%	4080.00
泡沫包装条	优	立方	2	2000.00	4000.00	17%	680.00
包装带	优	卷	20	50.00	1000.00	17%	170.00
合　计					¥29000.00		¥4930.00
价税合计（大写）	⊗ 叁万叁仟玖佰叁拾圆整				（小写）¥33930.00		

销售方	名　　称：郁州市华发包装材料有限公司 纳税人识别号：91450901200372084X 地 址、电 话：郁州市平沙路 21 号 3085726 开户行及账号：中行郁州分行 61195749078X	备注	

收款人：蓝叶　　复核：李白梅　　开票人：朱媛媛　　销售方：（章）

第二联：抵扣联　购买方扣税凭证

22-5（5）

材料入库单

20××年 12 月 14 日　　　编　　号：0015692

供货单位：郁州市华发包装材料有限公司　　　材料类别：周转材料

发票号码：10264827　　　仓库名称：周转材料仓

材料编号	材料名称	单位	数量		单位成本	分摊运费	总金额								
			应收	实收			百	十	万	千	百	十	元	角	分
ZZ001	包装纸箱	个	300	300	80.00				2	4	0	0	0	0	0
ZZ002	打包带	卷	20	20	50.00					1	0	0	0	0	0
ZZ003	泡沫包装条	立方	2	2	2000.00					4	0	0	0	0	0
合　计		贰万玖仟元整						¥	2	9	0	0	0	0	0

②记账联

仓库主管：陆源　　保管：易忆　　检验：毕晖　　制单：易忆

经济业务 23：计算缴纳印花税，取得票据 4 张。

业务解析

23-4（1）

ICBC 中国工商银行　凭　证

中国工商银行电子缴税付款凭证

转账日期：20××年 12 月 15 日　　　凭证字号：20××1215000256

纳税人全称及纳税人识别号：　郁州市明星家具有限公司 91450901001310672X

付款人全称:郁州市明星家具有限公司

付款人账号:211170300195014601X　　　征收机关名称：郁州市地方税务局

付款人开户银行:工行郁州城西支行　　　收款国库（银行）名称：国家金库郁州支库

小写（合计）金额：RMB507.00　　　缴款书交易流水号：22643758

大写（合计）金额：伍佰零柒元整　　　税票号码：32017120000023/24/25

税（费）种名称	所属日期	实缴金额
印花税	20××1101—20××1231	¥507.00

中国工商银行股份有限公司郁州城西支行 20XX.12.15 核算用章（01）

第 1 次打印　　　打印时间：20××年 12 月 15 日

第二联　作付款回单（无银行办讫章无效）　　复核　　　记账

23–4（2）

中华人民共和国
税收完税证明

地

(171) 桂地证 **10045098**

填发日期：20××年 12 月 15 日　税务机关：郁州市地方税务局直属税务分局

纳税人识别号	91450901001310672X		纳税人名称	郁州市明星家具有限公司	
原凭证号	税种	品目名称	税款所属时期	入(退)库日期	实缴(退)金额
32017120000023	印花税	购销合同	20××1101 至 1215	20××/12/15	417.00
32017120000024	印花税	运输合同	20××1101 至 1215	20××/12/15	10.00
32017120000025	印花税	租赁合同	20××1101 至 1215	20××/12/15	80.00
金额合计	（大写）人民币伍佰零柒圆整				¥507.00
税务机关（盖章）	填票人 直属分局办税大厅自助办税终端系统 2		备注 征收机构：郁州市地方税务局直属税务分局 证明号码：10045098 页码：1/1		

（收据）交纳税人作完税证明

妥善保管、手写无效

23–4（3）

电子缴款凭证

凭证编号：2450936

打印日期：20××年 12 月 15 日

纳税人识别号	91450901001310672X		征收机关	郁州市地方税务局直属分局		
纳税人名称	郁州市明星家具有限公司		开户行账号	工行城西支行 211170300195014601X		
电子税票号码	征收项目	征收品目	所属时间	缴款日期	缴款金额	备注
32017120000023	印花税	购销合同	11 月 1 日—12 月 31 日	12 月 15 日	417.00	
32017120000024	印花税	运输合同	11 月 1 日—12 月 31 日	12 月 15 日	10.00	
32017120000025	印花税	租赁合同	11 月 1 日—12 月 31 日	12 月 15 日	80.00	
金额合计（大写）伍佰零柒元整					¥ 507.00	
本缴款凭证仅作为纳税人记账核算使用，电子缴税的，需与银行账单电子收缴记录核对一致方有效。纳税人如需汇总开具正式完税证明，请凭税务登记证或身份证明到主管税务机关开具。					该凭证第一次打印	

23–4（4）

12月份缴纳印花税计算表

20××年12月14日

序号	合同编号	合同类别	合同金额	适用税率	印花税额	备　注
1	购字(20××)36 号	购销	200000	0.3‰	60	11 月 28 日订
2	购字(20××)37 号	购销	150000	0.3‰	45	11 月 29 日订
3	购字(20××)38 号	购销	180000	0.3‰	54	11 月 30 日订
4	销字(20××)65 号	购销	160000	0.3‰	48	11 月 30 日订
5	销字(20××)66 号	购销	300000	0.3‰	90	12 月 05 日订
6	销字(20××)67 号	购销	400000	0.3‰	120	12 月 10 日订
7	运字(20××)30 号	运输	20000	0.5‰	10	12 月 10 日订
8	租字(20××)02 号	租赁	80000	1‰	80	12 月 12 日订
合　计					507	

复核：钟立国　　　　　　　　　　　　制表：张月萌

经济业务 24：缴纳 11 月份增值税，取得票据 3 张。

业务解析

24–3（1）

ICBC 中国工商银行　凭　证

中国工商银行电子缴税付款凭证

转账日期：20××年 12 月 15 日　　　　凭证字号：20××1215000256

纳税人全称及纳税人识别号：　　郁州市明星家具有限公司 91450901001310672X

付款人全称：郁州市明星家具有限公司

付款人账号：211170300195014601X　　　　征收机关名称：郁州市国家税务局

付款人开户银行：工行郁州城西支行　　　　收款国库（银行）名称：国家金库郁州支库

小写（合计）金额：RMB23652.00　　　　缴款书交易流水号：22644219

大写（合计）金额：贰万叁仟陆佰伍拾贰元整　　　　税票号码：32017120000178

税（费）种名称	所属日期	实缴金额
增值税	20××1101—20××1130	¥23652.00

第 1 次打印　　　　打印时间：20××年 12 月 15 日

第二联　作付款回单（无银行办讫章无效）　　复核　　记账

中国工商银行股份有限公司郁州城西支行　20XX.12.15　核算用章（01）

24-3（2）

中华人民共和国
税收完税证明

国

(171) 桂国证 **10065376**

填发日期：20××年 12 月 15 日　税务机关：郁州市国家税务局直属税务分局

纳税人识别号	91450901001310672X		纳税人名称	郁州市明星家具有限公司	
原凭证号	税种	品目名称	税款所属时期	入（退）库日期	实缴（退）金额
32017120000178	增值税		20××1101 至 1130	20××/12/15	23652.00
金额合计	（大写）人民币贰万叁仟陆佰伍拾贰圆整				¥23652.00
税务机关（盖章）	填票人 直属分局办税大厅自助办税终端系统 1		备注 征收机构：郁州市国家税务局直属税务分局 证明号码：10065376 页码：1/1		

（收据）交纳税人作完税证明

妥善保管、手写无效

24-3（3）

电子缴款凭证

凭证编号：1450948

打印日期：20××年 12 月 15 日

纳税人识别号	91450901001310672X		征收机关	郁州市地方税务局直属分局		
纳税人名称	郁州市明星家具有限公司		开户行账号	工行城西支行 211170300195014601X		
电子税票号码	征收项目	征收品目	所属时间	缴款日期	缴款金额	备注
32017120000178	增值税		11 月 1 日—11 月 30 日	12 月 15 日	23652.00	
金额 合计（大写）贰万叁仟陆佰伍拾贰元整					¥23652.00	
本缴款凭证仅作为纳税人记账核算使用，电子缴税的，需与银行账单电子收缴记录核对一致方有效。纳税人如需汇总开具正式完税证明，请凭税务登记证或身份证明到主管税务机关开具。					该凭证第一次打印	

业务解析

经济业务 25：缴纳 11 月份增值税附征、个人所得税，取得票据 3 张。

25-3（1）

ICBC 中国工商银行　凭证

中国工商银行电子缴税付款凭证

转账日期：20××年 12 月 15 日　　凭证字号：20××1215001163

纳税人全称及纳税人识别号：　郁州市明星家具有限公司 91450901001310672X

付款人全称:郁州市明星家具有限公司

付款人账号:2111703001950146O1X　　征收机关名称：郁州市地方税务局

付款人开户银行:工行郁州城西支行　　收款国库（银行）名称：国家金库郁州支库

小写（合计）金额：RMB3338.40　　缴款书交易流水号：22645016

大写（合计）金额：叁仟叁佰叁拾捌元肆角整　　税票号码：32017120000080/81/82/83

税（费）种名称	所属日期	实缴金额
城市维护建设税	20××1101—20××1130	¥1655.50
教育费附加	20××1101—20××1130	¥709.50
地方教育附加	20××1101—20××1130	¥473.00
个人所得税	20××1101—20××1130	¥500.40

第　1　次打印　　打印时间：20××年 12 月 15 日

第二联　作付款回单（无银行办讫章无效）　　复核　　记账

25-3（2）

中华人民共和国
税收完税证明

地

(171) 桂地证 **10045100**

填发日期：20××年 12 月 15 日　　税务机关：郁州市地方税务局直属税务分局

纳税人识别号	91450901001310672X		纳税人名称	郁州市明星家具有限公司	
原凭证号	税种	品目名称	税款所属时期	入(退)库日期	实缴(退)金额
32017120000080	城市维护建设税		20××1101 至 1130	20××/12/15	655.50
32017120000081	教育费附加		20××1101 至 1130	20××/12/15	709.50
32017120000082	地方教育附加		20××1101 至 1130	20××/12/15	473.00
32017120000083	个人所得税		20××1101 至 1130	20××/12/15	500.40
金额合计	（大写）人民币叁仟叁佰叁拾捌圆肆角整				¥3338.40
税务机关（盖章）	填票人 直属分局办税大厅自助办税终端系统 2		备注 征收机构：郁州市地方税务局直属税务分局 证明号码：10045100 页码：1/1		

（收据）交纳税人作完税证明

妥善保管、手写无效

25–3（3）

电子缴款凭证

凭证编号：2450999

打印日期：20××年 12 月 15 日

纳税人识别号	91450901001310672X		征收机关	郁州市地方税务局直属分局		
纳税人名称	郁州市明星家具有限公司		开户行账号	工行城西支行 211170300195014601X		
电子税票号码	征收项目	征收品目	所属时间	缴款日期	缴款金额	备注
32017120000080	城 建 税		11 月 1 日—11 月 30 日	12 月 15 日	1655.50	
32017120000081	教育费附加		11 月 1 日—11 月 30 日	12 月 15 日	709.50	
32017120000082	地方教育附加		11 月 1 日—11 月 30 日	12 月 15 日	473.00	
32017120000083	个人所得税		11 月 1 日—11 月 30 日	12 月 15 日	500.40	
金额合计	（大写）叁仟叁佰叁拾捌元肆角整				¥3338.40	
本缴款凭证仅作为纳税人记账核算使用，电子缴税的，需与银行账单电子收缴记录核对一致方有效。纳税人如需汇总开具正式完税证明，请凭税务登记证或身份证明到主管税务机关开具。					该凭证第一次打印	

经济业务 26：付员工培训费，取得票据 5 张。

业务解析

26–5（1）

ICBC 中国工商银行

业务委托书　回执

桂 B　01428258

委托人全称	郁州市明星家具有限公司
委托人账号	工商银行郁州城西支行 211170300195014601X
收款人全称	广州市新维度管理咨询公司
收款人账号	工商银行花都支行 210101230062298202X
金　额	600.00
委托日期	20××-12-16

20XX.12.16

此联为银行受理通知书，若委托人申请汇票或本票业务，应凭此联领取汇票或本票。

26–5（2）

ICBC 中国工商银行　　15249863

资金汇划补充凭证

网银打印代理网点号：0079　　收报日期：20××1216

业务类型:网上银行付款指令　　业务编号：PXK170 20××121892005125

付款人账号：211170300195014601X　　收款人账号：210101230062298202X

付款人户名：郁州市明星家具有限公司　　收款人户名：广州市新维度管理咨询公司

付款人所在地：广西郁州　　收款人所在地：广州花都

付款人开户银行：工商银行郁州城西支行　　收款人开户银行：工商银行广州花都支行

大写（合计）金额：陆仟元整

小写（合计）金额：RMB 6000.00

业务处理状态：联机已记账　　付款方式：　普通

用途：张晓明培训费　　提交人：ChenMing.c.2111　授权人：ZhongLiGuo.c.2111

备注：

柜员号：　K0881259

打印：　　会计主管：　　记账：　　复核：

第二联　客户留存

（印章：中国工商银行股份有限公司郁州城西支行 20XX.12.16 核算用章（01））

26–5（3）

银行转账审批单

20××年 12 月 15 日

收款单位	广州市新维度管理咨询公司		开户银行	工行广州花都支行	
银行账号	210101230062298202X		转账事由	付员工张晓明培训费	
金额（大写）零 拾 零 万 陆 仟 零 佰 零 拾 零 元 零 角 零 分 ¥6000.00					
经办人	部门领导	财务审核	公司领导	备注	
张晓明	罗荣棠	钟立国	同意 袁方	有无合同	培训协议
				款项期数	一次付款
				有无发票	增值税专用发票
说明：本单据由经办人填写，如无发票先付款的，由经办人负责跟踪索取发票。					

26–5（4）

4400173130

广东增值税专用发票

发 票 联

№ 10292684

4400173130

10292684

开票日期：20××年 12 月 16 日

购买方	名　　称：郁州市明星家具有限公司 纳税人识别号：91450901001310672X 地 址、电 话：郁州市大华路 10 号 3834218 开户行及账号：工行城西支行 211170300195014601X	密码区	//-0915*6418>32*89/+43612-7 12360+56/89*45802<<78922/64 *426532-678//414*59>8306/54 53402/26->761927//309651*77

货物或应税劳务、服务名称	规格型号	单位	数量	单价	金额	税率	税额
培训费			1	5660.38	5660.38	6%	339.62
合　计					¥5660.38		¥339.62
价税合计（大写）	⊗ 陆仟圆整				（小写）¥6000.00		

销售方	名　　称：广州市新维度管理咨询公司 纳税人识别号：91440113000153206X 地 址、电 话：广州花都大学路 5 号 3306872 开户行及账号：工行花都支行 210101230062298202X	备注	

收款人：满婵　　复核：高森毅　　开票人：何芳茹　　销售方：（章）

第三联：发票联　购买方记账凭证

26–5（5）

4400173130

广东增值税专用发票

抵 扣 联

№ 10292684

4400173130

10292684

开票日期：20××年 12 月 14 日

购买方	名　　称：郁州市明星家具有限公司 纳税人识别号：91450901001310672X 地 址、电 话：郁州市大华路 10 号 3834218 开户行及账号：工行城西支行 211170300195014601X	密码区	//-0915*6418>32*89/+43612-7 12360+56/89*45802<<78922/64 *426532-678//414*59>8306/54 53402/26->761927//309651*77

货物或应税劳务、服务名称	规格型号	单位	数量	单价	金额	税率	税额
培训费			1	5660.38	5660.38	6%	339.62
合　计					¥5660.38		¥339.62
价税合计（大写）	⊗ 陆仟圆整				（小写）¥6000.00		

销售方	名　　称：广州市新维度管理咨询公司 纳税人识别号：91440113000153206X 地 址、电 话：广州花都大学路 5 号 3306872 开户行及账号：工行花都支行 210101230062298202X	备注	

收款人：满婵　　复核：高森毅　　开票人：何芳茹　　销售方：（章）

第二联：抵扣联　购买方扣税凭证

业务解析

经济业务 27：购买办公用品，取得票据 5 张。

27–5（1）

中国工商银行
转账支票存根
10212650
17205768

附加信息

出票日期：20××年 12 月 16 日

收款人：	郁州市风华办公用品商店
金　额：	¥3276.00
用　途：	付购买办公用品款
备　注：	

单位主管　　　会计 张月萌

27–5（2）

银行转账审批单

20××年 12 月 16 日

<table>
<tr><td>收款单位</td><td colspan="3">郁州市风华办公用品商店</td><td>开户银行</td><td colspan="2">农业银行郁州解放路支行</td></tr>
<tr><td>银行账号</td><td colspan="3">20-40580100563007X</td><td>转账事由</td><td colspan="2">付购买办公用品款</td></tr>
<tr><td colspan="7">金额（大写）零 拾 零 万 叁 仟 贰 佰 柒 拾 陆 元 零 角 零 分 ¥3276.00</td></tr>
<tr><td>经办人</td><td>部门领导</td><td>财务审核</td><td>公司领导</td><td colspan="3">备　注</td></tr>
<tr><td rowspan="3">李莺</td><td rowspan="3">罗荣棠</td><td rowspan="3">钟立国</td><td rowspan="3">同意
袁方</td><td>有无合同</td><td colspan="2">日常采购无合同</td></tr>
<tr><td>款项期数</td><td colspan="2">全付款，给支票对方背书</td></tr>
<tr><td>有无发票</td><td colspan="2">增值税专用发票</td></tr>
<tr><td colspan="7">说明：本单据由经办人填写，如无发票先付款的，由经办人负责跟踪索取发票。</td></tr>
</table>

27–5（3）

4500173130

广西增值税专用发票

发　票　联

№ 10265213

4500173130

10265213

开票日期：20××年 12 月 16 日

购买方	名　　称：郁州市明星家具有限公司 纳税人识别号：91450901001310672X 地 址、电 话：郁州市大华路 10 号 3834218 开户行及账号：工行城西支行 211170300195014601X	密码区	*530128/+*19690135>3152/+43 2514>95108//*10387-6*3513/8 762*564-//1076*4273/-5471+9 2904>>86*312/+191467-//5272

货物或应税劳务、服务名称	规格型号	单位	数量	单价	金额	税率	税额
复印纸	优	包	20	110.00	2200.00	17%	374.00
记录本		本	50	8.00	400.00	17%	68.00
笔芯		盒	20	10.00	200.00	17%	34.00
合　计					¥2800.00		¥476.00
价税合计（大写）	⊗ 叁仟贰佰柒拾陆圆整				（小写）¥3276.00		

销售方	名　　称：郁州市风华办公用品商店 纳税人识别号：91450910052830092X 地 址、电 话：郁州市富林路 22 号 2834626 开户行及账号：农行解放路支行 20405801005630O7X	备注	

收款人：李文霞　　复核：凌励　　开票人：曾英　　销售方：（章）

第三联：发票联　购买方记账凭证

27–5（4）

4400173130

广西增值税专用发票

抵　扣　联

№ 10265213

4400173130

10265213

开票日期：20××年 12 月 16 日

购买方	名　　称：郁州市明星家具有限公司 纳税人识别号：91450901001310672X 地 址、电 话：郁州市大华路 10 号 3834218 开户行及账号：工行城西支行 211170300195014601X	密码区	*530128/+*19690135>3152/+43 2514>95108//*10387-6*3513/8 762*564-//1076*4273/-5471+9 2904>>86*312/+191467-//5272

货物或应税劳务、服务名称	规格型号	单位	数量	单价	金额	税率	税额
复印纸	优	包	20	110.00	2200.00	17%	374.00
记录本		本	50	8.00	400.00	17%	68.00
笔芯		盒	20	10.00	200.00	17%	34.00
合计					¥2800.00		¥476.00
价税合计（大写）	⊗ 叁仟贰佰柒拾陆圆整				（小写）¥3276.00		

销售方	名　　称：郁州市风华办公用品商店 纳税人识别号：91450910052830092X 地 址、电 话：郁州市富林路 22 号 2834626 开户行及账号：农行解放路支行 2040580100563007X	备注	

收款人：李文霞　　复核：凌励　　开票人：曾英　　销售方：（章）

第二联：抵扣联　购买方扣税凭证

27-5（5）

办公用品领用汇总表

编制：公司办公室　　　　　　20××年12月16日

领用部门	物品名称	规格型号	单位	数量	单价	金额 万	千	百	十	元	角	分	签名
解板车间	记录本		本	10	8				8	0	0	0	高英杰
	复印纸		包	2	110			2	2	0	0	0	
	晨光笔芯	中性	盒	5	10				5	0	0	0	
成型车间	记录本		本	15	8			1	2	0	0	0	黄日旭
	复印纸		包	3	110			3	3	0	0	0	
	晨光笔芯		盒	5	10				5	0	0	0	
烤漆车间	记录本		本	10	8				8	0	0	0	戴材
	复印纸		包	2	110			2	2	0	0	0	
	晨光笔芯	中性	盒	2	10				2	0	0	0	
办公室	记录本		本	10	8				8	0	0	0	李莺
	复印纸		包	8	110			8	8	0	0	0	
	晨光笔芯		盒	5	10				5	0	0	0	
销售部	记录本		本	5	8				4	0	0	0	蒋华敏
	复印纸		包	5	110			5	5	0	0	0	
	晨光笔芯		盒	3	10				3	0	0	0	
合　计						¥	2	8	0	0	0	0	

经济业务 28：计提 12 月份工会经费，取得票据 1 张。

业务解析

28-1

12 月份工会经费计提表

编制单位：明星家具公司　　　　　　20××年 12 月 16 日

部　门	人员类别	应发工资	计提比例	计提金额	备　注
解板车间	生产工人	35000	2%	700	
	管理人员	12000		240	
成型车间	生产工人	51000		1020	
	管理人员	14800		296	
烤漆车间	生产工人	41500		830	
	管理人员	13700		274	
办公室		22500		450	
财务部		12000		240	
生产部		16800		336	
设计部		27900		558	
销售部		25000		500	
供应部		21800		436	
合计		294000		5880	

审核：钟立国　　　　　　　　　　　　　　　　制表：杨晶莹

业务解析

经济业务 29：支付广告费，取得票据 4 张。

29-4（1）

中国工商银行
转账支票存根
10212650
17205769

附加信息

出票日期：20××年 12月 17日

收款人：	郁州市冠强广告有限公司
金　额：	¥15000.00
用　途：	付广告制作发布费
备　注：	

单位主管　　会计 张月萌

29-4（2）

银行转账审批单

20××年 12 月 16 日

收款单位	郁州市冠强广告有限公司		开户银行	工商银行郁州文广支行	
银行账号	2111902400652008437X		转账事由	广告制作发布费	
金额（大写）零 拾 壹 万 伍 仟 零 佰 零 拾 零 元 零 角 零 分 ¥15000.00					
经办人	部门领导	财务审核	公司领导	备　注	
张云才	农　洋	钟立国	同意 袁方	有无合同	广告制作发布合同
				款项期数	全付款，支票给对方背书
				有无发票	增值税专用发票
说明：本单据由经办人填写，如无发票先付款的，由经办人负责跟踪索取发票。					

29-4（3）

4500173130

广西增值税专用发票

（全国统一发票监制章 广西 国家税务总局监制）

№ 10265028

4500173130

10265028

开票日期：20××年 12 月 16 日

购买方	名　　称：郁州市明星家具有限公司 纳税人识别号：91450901001310672X 地 址、电 话：郁州市大华路 10 号 3834218 开户行及账号：工行城西支行 211170300195014601X	密码区	742+1928-<6>*/35202*1736/-1 *3945186-/1530*862+6351/158 28165*62567/+62358//240<298 /-23906->5325//63+6906/*526

货物或应税劳务、服务名称	规格型号	单位	数量	单价	金额	税率	税额
广告费		项	1	14150.94	14150.94	6%	849.06
合　计					¥14150.94		¥849.06
价税合计（大写）	⊗ 壹万伍仟圆整				（小写）¥15000.00		

销售方	名　　称：郁州市冠强广告有限公司 纳税人识别号：91450930126910153X 地 址、电 话：郁州市中洪路 15 号 2746239 开户行及账号：工行文广支行 211190240065200843X	备注	（郁州市冠强广告有限公司 91450930126910153X 发票专用章）

收款人：金琳　　复核：梁冠佰　　开票人：吴伟　　销售方：（章）

第三联：发票联　购买方记账凭证

29-4（4）

4500173130

广西增值税专用发票

抵　扣　联

（全国统一发票监制章 广西 国家税务总局监制）

№ 10265028

4500173130

102265028

开票日期：20××年 12 月 17 日

购买方	名　　称：郁州市明星家具有限公司 纳税人识别号：91450901001310672X 地 址、电 话：郁州市大华路 10 号 3834218 开户行及账号：工行城西支行 211170300195014601X	密码区	742+1928-<6>*/35202*1736/-1 *3945186-/1530*862+6351/158 28165*62567/+62358//240<298 /-23906->5325//63+6906/*526

货物或应税劳务、服务名称	规格型号	单位	数量	单价	金额	税率	税额
广告费		项	1	14150.94	14150.94	6%	849.06
合　计					¥14150.94		¥849.06
价税合计（大写）	⊗ 壹万伍仟圆整				（小写）¥15000.00		

销售方	名　　称：郁州市冠强广告有限公司 纳税人识别号：91450930126910153X 地 址、电 话：郁州市中洪路 15 号 2746239 开户行及账号：工行文广支行 211190240065200843X	备注	（郁州市冠强广告有限公司 91450930126910153X 发票专用章）

收款人：金琳　　复核：梁冠佰　　开票人：吴伟　　销售方：（章）

第二联：抵扣联　购买方扣税凭证

业务解析

经济业务 30：预付下年度厂房、办公室租金，取得票据 4 张。

30-4（1）

中国工商银行
转账支票存根
10212650
17205770

附加信息

出票日期：20××年12月18日

收款人：	郁州市丽华投资有限公司
金　额：	¥80000.00
用　途：	付下年度厂房租金
备　注：	

单位主管　　　会计　张月萌

30-4（2）

银行转账审批单

20××年 12 月 18 日

<table>
<tr><td>收款单位</td><td colspan="2">郁州市丽华投资有限公司</td><td colspan="2">开户银行</td><td colspan="2">建设银行郁州分行</td></tr>
<tr><td>银行账号</td><td colspan="2">45010125001730001б2X</td><td colspan="2">转账事由</td><td colspan="2">下年度厂房办公室租金</td></tr>
<tr><td colspan="7">金额（大写）零 拾 捌 万 零 仟 零 佰 零 拾 零 元 零 角 零 分 ¥80000.00</td></tr>
<tr><td>经办人</td><td>部门领导</td><td>财务审核</td><td>公司领导</td><td colspan="3">备　注</td></tr>
<tr><td rowspan="3">李莺</td><td rowspan="3">罗荣棠</td><td rowspan="3">钟立国</td><td rowspan="3">同意
袁方</td><td>有无合同</td><td colspan="2">房屋租赁合同</td></tr>
<tr><td>款项期数</td><td colspan="2">预付，支票给对方背书</td></tr>
<tr><td>有无发票</td><td colspan="2">增值税专用发票</td></tr>
<tr><td colspan="7">说明：本单据由经办人填写，如无发票先付款的，由经办人负责跟踪索取发票。</td></tr>
</table>

30–4（3）

4500173130

广西增值税专用发票

发 票 联

(全国统一发票监制章 广西 国家税务总局监制)

№ 10266165

4500173130

10266165

开票日期：20××年 12 月 18 日

购买方	名　　称：郁州市明星家具有限公司 纳税人识别号：91450901001310672X 地 址、电 话：郁州市大华路 10 号 3834218 开户行及账号：工行城西支行 211170300195014601X			密码区	/+35742*49<-16790*6//535-11 2571*18394//-195340+58672>9 *528167-362/5804+3587//-<25 59*192906//+36>253729/*4528		
货物或应税劳务、服务名称	规格型号	单位	数量	单价	金额	税率	税额
房屋租赁费		项	1	72072.07	72072.07	11%	7927.93
合　计					¥72072.07		¥7927.93
价税合计（大写）	⊗ 捌万圆整				（小写）¥80000.00		
销售方	名　　称：郁州市丽华投资有限公司 纳税人识别号：91450926007310058X 地 址、电 话：郁州市人民路 103 号 2691467 开户行及账号：建行郁州分营 4501012500173000162X			备注	(郁州市丽华投资有限公司 91450926007310058X 发票专用章)		

收款人：刘东　　复核：蒋雄海　　开票人：韦美丽　　销售方：（章）

第三联：发票联　购买方记账凭证

30–4（4）

4500173130

广西增值税专用发票

抵 扣 联

(全国统一发票监制章 广西 国家税务总局监制)

№ 10266165

4500173130

10266165

开票日期：20××年 12 月 18 日

购买方	名　　称：郁州市明星家具有限公司 纳税人识别号：91450901001310672X 地 址、电 话：郁州市大华路 10 号 3834218 开户行及账号：工行城西支行 211170300195014601X			密码区	/+35742*49<-16790*6//535-11 2571*18394//-195340+58672>9 *528167-362/5804+3587//-<25 59*192906//+36>253729/*4528		
货物或应税劳务、服务名称	规格型号	单位	数量	单价	金额	税率	税额
房屋租赁费		项	1	72072.07	72072.07	11%	7927.93
合　计					¥72072.07		¥7927.93
价税合计（大写）	⊗ 捌万圆整				（小写）¥80000.00		
销售方	名　　称：郁州市丽华投资有限公司 纳税人识别号：91450926007310058X 地 址、电 话：郁州市人民路 103 号 2691467 开户行及账号：建行郁州分营 4501012500173000162X			备注	(郁州市丽华投资有限公司 91450926007310058X 发票专用章)		

收款人：刘东　　复核：蒋雄海　　开票人：韦美丽　　销售方：（章）

第二联：抵扣联　购买方扣税凭证

业务解析

经济业务 31：收购货方取消合同违约金，取得票据 2 张。

31–2（1）

ICBC 中国工商银行 业务回单（收款）

入账日期：20××-12-20　　回单编号：21120024037

付款人户名：　柳州市黛富家具销售公司
付款人账号：　450210025430071296５X
付款人开户行：　建设银行柳州滨江支行
收款人户名：　郁州市明星家具有限公司
收款人账号：　211170300195014601X
收款人开户行：　工商银行郁州城西支行
币种：人民币　　金额(小写)：RMB5000.00
金额(大写)：　伍仟元整
凭证种类：资金汇划补充凭证　　凭证号码：00121335
业务（产品）种类：汇划收报　　摘要：支付取消合同违约金
交易机构号：0211200630　记账柜员：005　　交易代码：52110
汇划种类：汇兑　客户附言：违约金　　发报行行号：45020935　收报行行号：27953674

第 1 次打印，注意重复　打印日期：20××年 12 月 20 日　打印柜员：2　验证码：PCK252980130

（印章：中国工商银行股份有限公司郁州城西支行 20XX.12.20 核算用章（02））

31–2（2）

收款收据　　№.0012053

20××年 12 月 20 日

今收到	柳州市黛富家具销售公司	交来
	取消合同违约金	
人民币（大写）	零万伍仟零佰零拾零元零角零分	¥5000.00
备注	对方因经营方向变化，提议取消销合〔20××〕32号合同，补偿。	

主管：钟立国　　复核：　　出纳：陈明　　制表：陈明

第三联 财务

（印章：郁州市明星家具有限公司 财务专用章）

经济业务 32：销货给个人，收现金存入银行，取得票据 3 张。

业务解析

32–3（1）

ICBC 中国工商银行　现金存款凭证

20××年 12 月 21 日　　　　桂 B　05230159

存款人	全　称	郁州市明星家具有限公司		
	账　号	211170300195014601X	款项来源	销售产品收入
	开户行	工商银行郁州城西支行	交款人	苏理新
金额（大写）	叁仟叁佰叁拾肆圆伍角整		金额（小写）	¥3334.50

票面	张数	票面	张数	票面	张数	
100	33					
10	3					
1	4					
0.5	1					
						中国工商银行股份有限公司郁州城西支行 20XX.12.21 核算用章（02）
						经办　　复核

第二联　回单联

32–3（2）

04500172320　　**广西增值税普通发票**　　№ 12678265

（全国统一发票监制章 广西 国家税务总局监制）

045001723204

12678265

校证码 36719 52843 79518 90162　　开票日期：20××年 12 月 21 日

购买方	名　　称：苏理新 纳税人识别号：45250119791219073X 地 址、电 话：郁州市东井巷 59 号 1350775632X 开户行及账号：	密码区	<652143+2975*3560/459233-18 7856*246//*<-69013+32>182/5 //6475*1893-/562>614*70/-26 *19082<-85634*39/3519>2325/

货物或应税劳务、服务名称	规格型号	单位	数量	单价	金额	税率	税额
1#沙发	五件套	套	1	2850.00	2850.00	17%	484.50
合　计					¥2850.00		¥484.50
价税合计（大写）	⊗ 叁仟叁佰叁拾肆圆伍角整				（小写）¥3334.50		

销售方	名　　称：郁州市明星家具有限公司 纳税人识别号：91450901001310672X 地 址、电 话：郁州市大华路 10 号 3834218 开户行及账号：工行城西支行 211170300195014601X	备注	郁州市明星家具有限公司 91450901001310672X 发票专用章

收款人：陈明　　复核：张平　　开票人：李海琼　　销售方：（章）

第一联：记账联　销售方记账凭证

32-3（3）

产品出库单

20××年 12 月 21 日　　　　编　　号：120013

购货方：苏理新　　　　仓库名称：成品仓库

合同号：无　　　　提货方式：客户自提

产品名称	规格型号	等级	单位	数量	单位成本	金额									
						千	百	十	万	千	百	十	元	角	分
1#沙发	五件套	优	套	1											
合　计															

②记账联

仓库主管：陆源　　保管：曾丽蓉　　复核：李春华　　制单：曾丽蓉

经济业务 33：结算户存款利息收入，取得票据 1 张。

业务解析

33-1

ICBC 中国工商银行　　业务回单（收款）　凭证

入账日期：20××-12-21　　回单编号：12003200659

收款人户名：郁州市明星家具有限公司

收款人账号：211170300195014601X

收款人开户行：工行郁州城西支行

付款人户名：中国工商银行股份有限公司郁州城西支行

付款人账号：211170300100018660X

付款人开户行：工行郁州城西支行

币种：人民币（本位币）　　金额(小写)：RMB1175.63

金额(大写)：壹仟壹佰柒拾伍元陆角叁分

业务（产品）种类：利息入账　　摘要：对公存款利息　　用途：利息

交易机构号：0211108036　记账柜员：3　　交易代码：51078

起息日期：09 月 21 日　止息日期：12 月 20 日　息余积数：261250.00　利率：0.45%

利息：1175.63　计息账号：211170300120007627X

打印次数：1　机打回单注意重复　　打印日期：20××年 12 月 21 日　　验证码：SLIX12210037

中国工商银行股份有限公司郁州城西支行
20XX.12.21
核算用章（02）

业务解析

经济业务 34：付第四季度银行借款利息，取得票据 2 张。

34-2（1）

ICBC 中国工商银行 业务回单（付款） 凭证

入账日期：20××-12-21　　回单编号：21110012495

付款人户名：郁州市明星家具有限公司

付款人账号：211170300195014601X

付款人开户行：工行郁州城西支行

收款人户名：中国工商银行股份有限公司郁州城西支行

收款人账号：2111601013210002586

收款人开户行：工行郁州城西支行

币种：人民币（本位币）　　金额(小写)：RMB8102.73

金额(大写)：捌仟壹佰零贰元柒角叁分

业务（产品）种类：利息入账　　摘要：对公贷款利息支付　　用途：付利息

交易机构号：0211106328　　记账柜员：1　　交易代码：54133

起息日期：09 月 21 日　　止息日期：12 月 20 日　　息余积数：45500000.00　　利率：6.50%

利息：8102.73　　计息账号：2111601013210002586　　借据编号：21116012001651483

打印次数：1　　机打回单注意重复　　打印日期：20××年 12 月 21 日　　验证码：LIS585942035

中国工商银行股份有限公司郁州城西支行
20XX.12.21
核算用章（02）

34-2（2）

第四季度借款利息计算表

20××年12月20日

单位：元

月份	本金	计息期	天数	积数	利率	利息额	已预提	补提
12	500000	11.21—12.20	30	15000000	6.5%	2671.23		2671.23
11	500000	10.21—11.20	31	15500000	6.5%	2760.27	2760.27	
10	500000	9.21—10.20	30	15000000	6.5%	2671.23	2671.23	
合　计			91	45500000		8102.73	5431.50	2671.23

审核：钟立国　　　　制表：张月萌

业务解析

经济业务 35：转付 12 月份社会保险费，取得票据 2 张。

35–2（1）

ICBC 中国工商银行 业务回单（付款） 凭证

入账日期：20××-12-22　　回单编号：21110012495

付款人户名：郁州市明星家具有限公司

付款人账号：211170300195014601X

付款人开户行：工行郁州城西支行

收款人户名：郁州市社会保险事业管理局

收款人账号：20-405701010011298

收款人开户行：农业银行郁州东城支行

币种：人民币（本位币）　　金额(小写)：RMB119070.00

金额(大写)：壹拾壹万玖仟零柒拾元整

业务（产品）种类：同城托收　　摘要：支付社会保险基金

交易机构号：0211106328　记账柜员：1　　交易代码：54133

打印次数：1　机打回单注意重复　打印日期：20××年 12 月 22 日　验证码：BXJ256103874

中国工商银行股份有限公司郁州城西支行 20XX.12.22 核算用章（01）

35–2（2）

广西壮族自治区社会保险基金专用收款收据

20×× 年 12 月 22 日　　桂O(17) № 00179056

今收到 郁州市明星家具有限公司	交来 20××年 12 月份	社会保险基金	
人民币（大写）壹拾壹万玖仟零柒拾元整	（¥119070.00 ）	此据。	
其中	养老保险费：单位 58800　个人 23520 工伤保险费：单位 1470 生育保险费：单位 1470 失业保险费：单位 2940　个人 1470 医疗保险费：单位 23520　个人 5880		
备注：收明星家具公司 20××年 12 月社保费		收款方式	托收
说明：本收款收据适用于社会保险机构征缴社会保险基金的款项，包括单位缴纳的养老保险、医疗保险、失业保险、工伤保险、生育保险等社会保险基金的款项			

第一联 收据

郁州市社会保险事业管理局 财务专用章

收款单位（章）　　财务主管（章）李英明　　收款人（章）邹洪

经济业务 36：转付 12 月份住房公积金，取得票据 2 张。

业务解析

36–2（1）

ICBC 中国工商银行　业务回单（付款）　凭证

入账日期：20××-12-23　　回单编号：21110014033

付款人户名：郁州市明星家具有限公司
付款人账号：211170300195014601X
付款人开户行：工行郁州城西支行
收款人户名：郁州市住房公积金管理中心
收款人账号：552090100100032747X
收款人开户行：兴业银行郁州分行
币种：人民币（本位币）　　金额(小写)：RMB58800.00
金额(大写)：伍万捌仟捌佰元整
业务种类：同城托收　　摘要：支付住房公积金
交易机构号：0211106328　记账柜员：2　　交易代码：54148

中国工商银行股份有限公司郁州城西支行 20XX.12.23 核算用章(01)

打印次数：1　机打回单注意重复　打印日期：20××年 12 月 23 日　验证码：ZFG193162459

36–2（2）

注:电子票号与纸质票号不一致为无效票　　数字指纹:0050136921ZF86249

广西壮族自治区行政事业单位资金往来结算票据

20××年 12 月 23 日　　电子票号：002910168

№.002910168

付款单位：郁州市明星家具有限公司

收款项目	数量	金额
住房公积金	1	58800.00
金额合计（大写）伍万捌仟捌佰元整		¥58800.00
备注　12 月份住房公积金（单位 29400 元、个人 29400 元）		

第一联　收据

郁州市住房公积金管理中心 财务专用章

收款单位（盖章）：　　复核：莫朝新　　收款人：黎媚

业务解析

经济业务 37：支付 12 月份电费，取得票据 5 张。

37–5（1）

中国工商银行
转账支票存根
10212560
17205771

附加信息

出票日期：20××年 12月 24日

收款人：	广西电网有限公司郁州供电局
金　额：	¥34587.26
用　途：	付 12 月份电费
备　注：	

单位主管　　会计 张月萌

37–5（2）

银行转账审批单

20××年 12 月 23 日

<table>
<tr><td>收款单位</td><td colspan="3">广西电网有限公司郁州供电局</td><td>开户银行</td><td>工行郁州分行营业部</td></tr>
<tr><td>银行账号</td><td colspan="3">201004327006542813X</td><td>转账事由</td><td>付 12 月份电费</td></tr>
<tr><td colspan="6">金额（大写）零 拾 叁 万 肆 仟 伍 佰 捌 拾 柒 元 贰 角 陆 分 ¥34587.26</td></tr>
<tr><td rowspan="4">经办人
宋军</td><td rowspan="4">部门领导
张连众</td><td rowspan="4">财务审核
钟立国</td><td rowspan="4">公司领导
同意转付
袁方</td><td colspan="2">备　注</td></tr>
<tr><td>有无合同</td><td>供电合同</td></tr>
<tr><td>款项期数</td><td>12 月份，支票交对方背书</td></tr>
<tr><td>有无发票</td><td>增值税专用发票</td></tr>
<tr><td colspan="6">说明：本单据由经办人填写，如无发票先付款的，由经办人负责跟踪索取发票。</td></tr>
</table>

37–5（3）

4500173130

广西增值税专用发票

发票

№ 10262174

4500173130

10262174

开票日期：20××年 12 月 24 日

购买方		密码区
名　　　称：	郁州市明星家具有限公司	95432++632//714*12<<217-6>7
纳税人识别号：	91450901001310672X	1985-82**42/32+158<258//264
地 址、电 话：	郁州市大华路 10 号 3834218	6+//*24810*126+3782/359>-86
开户行及账号：	工行城西支行 211170300195014601X	357304-*90>5/7069>*247-21//

货物或应税劳务、服务名称	规格型号	单位	数量	单价	金额	税率	税额
电费		千瓦时	45620	0.648	29561.76	17%	5025.50
合　计					¥29561.76		¥5025.50
价税合计（大写）	⊗ 叁万肆仟伍佰捌拾柒圆贰角陆分					（小写）	¥34587.26

销售方		备注
名　　　称：	广西电网有限公司郁州供电局	用户编号：A26780092
纳税人识别号：	91450900126405639X	20××年 12 月　电费
地 址、电 话：	郁州市教育路 100 号 2820754	
开户行及账号：	工行分营 201004327006542813X	

收款人：王家春　　复核：吕小薇　　开票人：伍静　　销售方：（章）

第三联：发票联　购买方记账凭证

37–5（4）

4500173130

广西增值税专用发票

抵　扣　联

№ 10262174

4500173130

10262174

开票日期：20××年 12 月 24 日

购买方		密码区
名　　　称：	郁州市明星家具有限公司	95432++632//714*12<<217-6>7
纳税人识别号：	91450901001310672X	1985-82**42/32+158<258//264
地 址、电 话：	郁州市大华路 10 号 3834218	6+//*24810*126+3782/359>-86
开户行及账号：	工行城西支行 211170300195014601X	357304-*90>5/7069>*247-21//

货物或应税劳务、服务名称	规格型号	单位	数量	单价	金额	税率	税额
电费		千瓦时	45620	0.648	29561.76	17%	5025.50
合　计					¥29561.76		¥5025.50
价税合计（大写）	⊗ 叁万肆仟伍佰捌拾柒圆贰角陆分					（小写）	¥34587.26

销售方		备注
名　　　称：	广西电网有限公司郁州供电局	用户编号：A26780092
纳税人识别号：	91450900126405639X	20××年 12 月　电费
地 址、电 话：	郁州市教育路 100 号 2820754	
开户行及账号：	工行分营 201004327006542813X	

收款人：王家春　　复核：吕小薇　　开票人：伍静　　销售方：（章）

第二联：抵扣联　购买方扣税凭证

37–5（5）

中国南方电网 CHINA SOUTHERN POWER GRID	广西电网有限公司 郁州供电局	电费通知单

单位：郁州市明星家具有限公司

编号：A26780092

基本信息：工业用电		应缴电费合计：34587.26 元
用电性质：	抄表周期	
郊区用电	每月一次抄表	抄表
大华路 10 号	20××12 月 18 日	A0011 号

电量信息

表计资产编号	上期表码	本期表码	倍率	抄见电量	变损电量	合计电量	电价	金　额
205K3803002	180535	182045	30	45300	320	45620	0.758	34587.26

温馨提示：请在当月 25 日前结清电费，逾期按规定加收违约金。

经济业务 38：支付 12 月份自来水费，取得票据 6 张。

业务解析

38–6（1）

ICBC 中国工商银行　进账单（回单）　1

20××年 12 月 24 日

出票人	全　称	郁州市明星家具有限公司	收款人	全　称	郁州市岭南水务有限公司
	账　号	2111703001950146O1X		账　号	20-40570100175612X
	开户银行	工商银行郁州城西支行		开户银行	农业银行郁州分行营业部
金额	人民币（大写）	贰万零伍佰叁拾伍元贰角捌分		亿千百十万千百十元角分	¥ 2 0 5 3 5 2 8
票据种类	转账支票	票据张数	1		
票据号码	17205772#				
复核：　记账：			开户银行盖章		

中国工商银行股份有限公司郁州城西支行 20XX.12.24 核算用章（02）

此联是开户银行交给持票人的回单

38–6（2）

中国工商银行
转账支票存根
10212650
17205772

附加信息

出票日期：20××年12月24日

收款人：	郁州市岭南水务有限公司
金　额：	¥20535.28
用　途：	付12月份水费
备　注：	

单位主管　　会计　张月萌

38–6（3）

银行转账审批单

20××年 12 月 23 日

收款单位	郁州市岭南水务有限公司		开户银行	农业银行郁州分营	
银行账号	20-40570100175612X		转账事由	12月份自来水费	
金额（大写）零 拾 贰 万 零 仟 伍 佰 叁 拾 伍 元 贰 角 捌 分 ¥20535.28					
经办人	部门领导	财务审核	公司领导	备　注	
宋军	张连众	钟立国	同意 袁方	有无合同	供水合同
				款项期数	12月份
				有无发票	增值税专用发票
说明：本单据由经办人填写，如无发票先付款的，由经办人负责跟踪索取发票。					

38–6（4）

4500173130

广西增值税专用发票

发票联

№ 10263087

4500173130

10263087

开票日期：20××年 12 月 24 日

购买方		密码区
名　　称	郁州市明星家具有限公司	95432++632//714*12<<217-6>7
纳税人识别号	91450901001310672X	1985-82**42/32+158<258//264
地 址、电 话	郁州市大华路 10 号 3834218	6+//*24810*126+3782/359>-86
开户行及账号	工行城西支行 211170300195014601X	357304-*90>5/7069>*247-21//

货物或应税劳务、服务名称	规格型号	单位	数量	单价	金额	税率	税额
工业用水		吨	5212	2.223	11587.92	3%	347.65
污水处理费		吨	5212	1.400	7296.80	0%	0.00
代收原水费		吨	5212	0.146	758.87	3%	22.77
水资源费		吨	5212	0.097	506.09	3%	15.18
合　计					¥20149.68		¥385.60
价税合计（大写）	⊗ 贰万零伍佰叁拾伍圆贰角捌分				（小写）¥20535.28		

销售方		备注
名　　称	郁州市岭南水务有限公司	
纳税人识别号	91450910036420625X	用户编号：C9806
地 址、电 话	郁州市桂花路 38 号 2679632	20××年 12 月　水费
开户行及账号	农行郁州分营 20-40570100175612X	

收款人：何琳　　复核：陈裕高　　开票人：张燕　　销售方：（章）

第三联：发票联　购买方记账凭证

38–6（5）

4500173130

广西增值税专用发票

抵扣联

№ 10263087

4500173130

10263087

开票日期：20××年 12 月 24 日

购买方		密码区
名　　称	郁州市明星家具有限公司	95432++632//714*12<<217-6>7
纳税人识别号	91450901001310672X	1985-82**42/32+158<258//264
地 址、电 话	郁州市大华路 10 号 3834218	6+//*24810*126+3782/359>-86
开户行及账号	工行城西支行 211170300195014601X	357304-*90>5/7069>*247-21//

货物或应税劳务、服务名称	规格型号	单位	数量	单价	金额	税率	税额
工业用水		吨	5212	2.223	11587.92	3%	347.65
污水处理费		吨	5212	1.400	7296.80	0%	0.00
代收原水费		吨	5212	0.146	758.87	3%	22.77
水资源费		吨	5212	0.097	506.09	3%	15.18
合　计					¥20149.68		¥385.60
价税合计（大写）	⊗ 贰万零伍佰叁拾伍圆贰角捌分				（小写）¥20535.28		

销售方		备注
名　　称	郁州市岭南水务有限公司	
纳税人识别号	91450910036420625X	用户编号：C9806
地 址、电 话	郁州市桂花路 38 号 2679632	20××年 12 月　水费
开户行及账号	农行郁州分营 20-40570100175612X	

收款人：何琳　　复核：陈裕高　　开票人：张燕　　销售方：（章）

第二联：抵扣联　购买方扣税凭证

38-6（6）

郁州市岭南水务有限公司用户用水抄见单

用户名称：郁州市明星家具有限公司　　　　　　　　　20××年 12 月 20 日

用水编号：C9806 本次抄见：193388 上次抄见：188176 实用水量：5212	温馨提示 1.交费时间:当月 28 日前，逾期按规定加收违约金。 2.开户银行: 农行郁州分行营业部 交款账号: 20-40570100175612X 3.供水服务电话: 96332（24 小时在线）				
	收费项目	工业	居民生活	二阶梯	三阶梯
5212×3.94=20535.28	水费单价	2.29	1.73	2.67	3.61
	代收污水费	1.40	0.95	0.95	0.95
	代收水资源费	0.10	0.10	0.10	0.10
抄表：008	代收原水费	0.15	0.15	0.15	0.15
	小　计	3.94	2.93	3.87	4.81

经济业务 39：支付 11 月份电话费，取得票据 6 张。

业务解析

39-6（1）

ICBC 中国工商银行 进账单（回单）　1

20×× 年 12 月 25 日

出票人	全　称	郁州市明星家具有限公司	收款人	全　称	中国电信股份有限公司郁州分公司
	账　号	211170300195014601X		账　号	211170200126820036X
	开户银行	工商银行郁州城西支行		开户银行	工商银行郁州民生支行
金额	人民币（大写）	陆仟伍佰壹拾捌元整		亿 千 百 十 万 千 百 十 元 角 分	¥ 6 5 1 8 0 0
票据种类	转账支票	票据张数	1		
票据号码	17205773#				
复核　记账			中国工商银行股份有限公司郁州城西支行 20XX.12.25 核算用章(02) 开户银行盖章		

此联是开户银行交给持票人的回单

39-6（2）

中国工商银行 现金支票存根 10212650 17205773
附加信息
出票日期：20××年 12月 25日
收款人：中国电信股份有限公司郁州分公司
金　额：¥6518.00
用　途：付 11 月电话费
备　注：
单位主管　　会计 张月萌

39-6（3）

银行转账审批单

20××年 12 月 25 日

收款单位	中国电信股份有限公司郁州分公司			开户银行	工商银行民生支行
银行账号	211170200126820036X			转账事由	11 月份电话费
金额（大写）零 拾 零 万 陆 仟 伍 佰 壹 拾 捌 元 零 角 零 分 ¥6518.00					
经办人	部门领导	财务审核	公司领导	备　注	
李莺	罗荣棠	钟立国	同意 袁方	有无合同	电信合同
				款项期数	11 月份
				有无发票	增值税专用发票
说明：本单据由经办人填写，如无发票先付款的，由经办人负责跟踪索取发票。					

39–6（4）

4500173130

广西增值税专用发票

发票联

№ 10264133

4500173130

10264133

开票日期：20××年 12 月 25 日

购买方		密码区	
名　　称：郁州市明星家具有限公司 纳税人识别号：91450901001310672X 地 址、电 话：郁州市大华路 10 号 3834218 开户行及账号：工行城西支行 211170300195014601X			<23695+256372/5714*812<692/ *61985-8237//56293*1258<869 21796+34858*2485126//+53787 6/35731*57908>>5721*247//21

货物或应税劳务、服务名称	规格型号	单位	数量	单价	金额	税率	税额
基础电信服务费	无	项	1	4127.90	4127.90	11%	454.10
增值电信服务费	无	项	1	1826.40	1826.40	6%	109.60
合计					¥5954.30		¥563.70
价税合计（大写）	⊗ 陆仟伍佰壹拾捌圆整				（小写）¥6518.00		

销售方		备注
名　　称：中国电信股份有限公司郁州分公司 纳税人识别号：91450910011203518X 地 址、电 话：郁州市民生路 6 号 2673589 开户行及账号：工行民生支行 211170200126820036X		20××年 11 月　电话费

收款人：曹春晖　　复核：甄小妮　　开票人：刘珍　　销售方：（章）

第三联：发票联　购买方记帐凭证

39–6（5）

4500173130

广西增值税专用发票

抵扣联

№ 10264133

4500173130

10264133

开票日期：20××年 12 月 25 日

购买方		密码区	
名　　称：郁州市明星家具有限公司 纳税人识别号：91450901001310672X 地 址、电 话：郁州市大华路 10 号 3834218 开户行及账号：工行城西支行 211170300195014601X			<23695+256372/5714*812<692/ *61985-8237//56293*1258<869 21796+34858*2485126//+53787 6/35731*57908>>5721*247//21

货物或应税劳务、服务名称	规格型号	单位	数量	单价	金额	税率	税额
基础电信服务费	无	项	1	4127.90	4127.90	11%	454.10
增值电信服务费	无	项	1	1826.40	1826.40	6%	109.60
合　计					¥5954.30		¥563.70
价税合计（大写）	⊗ 陆仟伍佰壹拾捌圆整				（小写）¥6518.00		

销售方		备注
名　　称：中国电信股份有限公司郁州分公司 纳税人识别号：91450910011203518X 地 址、电 话：郁州市民生路 6 号 2673589 开户行及账号：工行民生支行 211170200126820036X		20××年 11 月　电话费

收款人：曹春晖　　复核：甄小妮　　开票人：刘珍　　销售方：（章）

第二联：抵扣联　购买方扣税凭证

39-6（6）

中国电信 CHINA TELECOM

通信费通知单

郁州市明星家具有限公司：

你单位 20××年 11 月份电信服务费如下：

共计费用：6518.00 元，其中电话费 4582.00 元；网络数据传送业务费 1936.00 元。

接到本通知后，请于当月 25 日前到我公司民生路 6 号第一营业厅（电话：2673589）交现金结算或转账到我公司账户结算。谢谢合作！

我公司全称：　中国电信股份有限公司郁州分公司

开户银行：　工商银行郁州民生支行

账　　号：　21117020012682036X

附：本月通信费清单 2 份（此略）

（印章：中国电信股份有限公司郁州分公司）

中国电信股份有限公司郁州分公司

20××年 12 月 18 日

经济业务 40：上解 12 月份工会经费，取得票据 4 张。

业务解析

40-4（1）

ICBC 中国工商银行　进账单（回单）　1

20××年 12 月 25 日

出票人	全　称	郁州市明星家具有限公司	收款人	全　称	广西郁州市总工会
	账　号	211170300195014601X		账　号	4500164042505070010X
	开户银行	工商银行郁州城西支行		开户银行	建设银行郁州环城路支行

金额	人民币（大写）	伍仟捌佰捌拾元整	亿	千	百	十	万	千	百	十	元	角	分
							¥	5	8	8	0	0	0

票据种类	转账支票	票据张数	1
票据号码	17215774#		

复核：　　记账：

（印章：中国工商银行股份有限公司郁州城西支行 20XX.12.25 核算用章（02））

开户银行盖章

此联是开户银行交给持票人的回单

40-4（2）

中国工商银行
现金支票存根
10212650
17205774

附加信息

出票日期：20××年 12月 25日

收款人：	广西郁州市总工会
金　额：	¥5880.00
用　途：	12 月工会经费
备　注：	

单位主管　　会计 张月萌

40-4（3）

银行转账审批单

20××年　12　月　25　日

收款单位	广西郁州市总工会		开户银行		建行郁州环城路支行
银行账号	450016404250507001OX		转账事由		上解 12 月份工会经费
金额（大写）零 拾 零 万 伍 仟 捌 佰 捌 拾 零 元 零 角 零 分 ¥5880.00					
经办人	部门领导	财务审核	公司领导	备　注	
李莺	罗荣棠	钟立国	同意 袁方	有无合同	按规定上解上级工会
				款项期数	12 月份
				有无发票	工会经费专用收据
说明：本单据由经办人填写，如无发票先付款的，由经办人负责跟踪索取发票。					

40-4（4）

工会经费收入专用收据　　№ 1005378025

国财 01601　　20××年 12 月 25 日

缴款单位（人）：郁州市明星家具有限公司

工会经费收入项目	内容	百	十	万	千	百	十	元	角	分
工会经费	12 月份会费				5	8	8	0	0	0
金额合计（小写）				¥	5	8	8	0	0	0
金额合计（大写）	伍仟捌佰捌拾元整									

收款单位（盖章）：　　复核：莫小猛　　收款人：崔建敏

第二联　收据

（印章：财政部票据监制章　中央；广西郁州市总工会 财务专用章）

经济业务 41：支付推销产品手续费，取得票据 4 张。

业务解析

41–4（1）

费用报销单

编号：007851

填报人	销售部张晓明	填报日期：20×× 年 12 月 26 日			
报销事项	支付晏源推销产品手续费				
金额（大写）零 拾 零 万 贰 仟 零 佰 零 拾 零 元 零 角 零 分 ¥2000.00					
财务审核	钟立国	领导审批	袁方	出纳签章	现金付讫 陈明
领款人	晏源				
说明：此单据作为核批外来单据以及费用报账封面之用。					

附凭证 2 张

41–4（2）

4500173130

代开

广西增值税专用发票

发票联

全国统一发票监制章 广西 国家税务总局监制

№ 10267032

4500173130

10267032

开票日期：20××年 12 月 25 日

购买方	名称：郁州市明星家具有限公司 纳税人识别号：91450901001310672X 地址、电话：郁州市大华路 10 号 3834218 开户行及账号：工行城西支行 211170300195014601X	密码区	892+79*119//+<67245-7906/35 *0182396*32/-7195>3406+92>4 /*2652+6762//-580*870/<9825 >310594*0193/+36>6725/*3450

货物或应税劳务、服务名称	规格型号	单位	数量	单价	金额	税率	税额
产品推销费		项	1	1941.75	1941.75	3%	58.25
合 计					¥1941.75		¥58.25
价税合计（大写）	⊗ 贰仟圆整				（小写）¥2000.00		

销售方	名称：郁州市国税东郊税务分局（代开机关） 纳税人识别号：9145090620DK10026X（代开机关） 地址、电话：郁州市人民东路 50 号 2688126 开户行及账号：65120039100X（完税凭证号）	备注	代开企业税号：45250119791105071X 代开企业名称：晏源 郁州市国家税务局东郊税务分局 代开发票专用章 91450906(01)

收款人：盘大江　复核：谷成山　开票人：李诗霁　销售方：（章）

第三联：发票联 购买方记账凭证

41–4（3）

4500173130
代开

广西增值税专用发票
抵 扣 联

全国统一发票监制章 广西 国家税务总局监制

№ 10267032
4500173130
10267032
开票日期：20××年 12 月 25 日

购买方	名 称：郁州市明星家具有限公司 纳税人识别号：91450901001310672X 地 址、电 话：郁州市大华路 10 号 3834218 开户行及账号：工行城西支行 2111703001950146 01X	密码区	892+79*119//+<67245-7906/35 *0182396*32/-7195>3406+92>4 /*2652+6762//-580*870/<9825 >310594*0193/+36>6725/*3450

货物或应税劳务、服务名称	规格型号	单位	数量	单价	金额	税率	税额
产品推销费		项	1	1941.75	1941.75	3%	58.25
合 计					¥1941.75		¥58.25
价税合计（大写）	⊗ 贰仟圆整				（小写）¥2000.00		

销售方	名 称：郁州市国税东郊税务分局（代开机关） 纳税人识别号：9145090620DK10026X（代开机关） 地 址、电 话：郁州市人民东路 50 号 2688126 开户行及账号：65120039100X（完税凭证号）	备注	代开企业税号：452501197911050 71X 代开企业名称：晏源

郁州市国家税务局东郊税务分局 代开发票专用章 91450906(01)

收款人：盘大江　　复核：谷成山　　开票人：李诗霁　　销售方：（章）

第二联：抵扣联 购买方扣税凭证

41–4（4）

关于支付推销产品手续费的申请报告

公司领导：

本年第四季度推销员晏源推销产品总金额为 40000 元（经财务部核实，已回款），根据公司的相关规定，应提取推销产品手续费 2000 元，现申请支付，请领导审批，特此报告。

同意支付 袁方
23/12

销售部
20××年 12 月 23 日

经济业务 42：分摊 12 月份厂房、办公室租金，取得票据 1 张。

业务解析

42–1

房屋租赁费分摊表

20××年 12 月 28 日

使用部门	房屋类别	月初账面摊余价值	月摊销率（按面积）	月摊销额
解板车间	厂房	6000	20%	1200
成型车间	厂房		28%	1680
烤漆车间	厂房		16%	960
公司管理部门	办公室		20%	1200
销售部门	办公室		10%	600
租赁（墙面）	公用		6%	360
合　计				6000

审核：钟立国　　　　　　　　制表：张月萌

经济业务 43：支付车间设备维修费，取得票据 5 张。

业务解析

43–5（1）

中国工商银行
现金支票存根
10212650
17205775

附加信息

出票日期：20××年 12 月 29 日

收款人：郁州市南方设备维修公司

金　额：¥8300.00

用　途：付车间设备维修费

备　注：

单位主管　　　会计　张月萌

43-5（2）

银行转账审批单

20××年 12 月 28 日

收款单位	郁州市南方设备维修公司			开户银行	中国银行郁州安井支行
银行账号	61181700294X			转账事由	付车间设备维修费
金额（大写）零拾零万捌仟叁佰零拾零元零角零分 ¥8300.00					
经办人	部门核准	财务审核	公司领导	备　注	
				有无合同	设备维修协议
黄浩	钟和	钟立国	同意 袁方	款项期数	一次付款，支票对方背书
				有无发票	增值税专用发票
说明：本单据由经办人填写，如无发票先付款的，由经办人负责跟踪索取发票。					

43-5（3）

4500173130

广西增值税专用发票

发票联

（全国统一发票监制章 广西 国家税务总局监制）

№ 10265976

4500173130

10265976

开票日期：20××年 12 月 29 日

购买方	名　称：郁州市明星家具有限公司 纳税人识别号：91450901001310672X 地址、电话：郁州市大华路 10 号 3834218 开户行及账号：工行城西支行 211170300195014601X				密码区	>0374528-16/25980+6352>*183 1147*439745*0186//-28+/165* *7281-657//+4623158-/9<8790 1562+110/*-4239>-45325/*582	
货物或应税劳务、服务名称	规格型号	单位	数量	单价	金额	税率	税额
设备维修费		项	1	7094.02	7094.02	17%	1205.98
合　计					¥7094.02		¥1205.98
价税合计（大写）	⊗ 捌仟叁佰圆整				（小写）¥8300.00		
销售方	名　称：郁州市南方设备维修公司 纳税人识别号：91450940020011658X 地址、电话：郁州市安井路 31 号 2694266 开户行及账号：中行安井支行 61181700294X				注	（郁州市南方设备维修公司 91450940020011658X 发票专用章）	

收款人：卢勇能　　复核：张凯　　开票人：何一通　　销售方：（章）

第三联：发票联　购买方记账凭证

43-5（4）

4500173130

广西增值税专用发票

抵　扣　联

（印章：全国统一发票监制章 广西 国家税务总局监制）

№ 10265976

4500173130

10265976

开票日期：20××年 12 月 29 日

购买方	名　　　称：郁州市明星家具有限公司 纳税人识别号：91450901001310672X 地 址、电 话：郁州市大华路 10 号 3834218 开户行及账号：工行城西支行 211170300195014601X	密码区	>0374528-16/25980+6352>*183 1147*439745*0186//-28+/165* *7281-657//+4623158-/9<8790 1562+110/*-4239>-45325/*582

货物或应税劳务、服务名称	规格型号	单位	数量	单价	金额	税率	税额
设备维修费		项	1	7094.02	7094.02	17%	1205.98
合　计					¥7094.02		¥1205.98
价税合计（大写）	⊗ 捌仟叁佰圆整				（小写）¥8300.00		

销售方	名　　　称：郁州市南方设备维修公司 纳税人识别号：91450940020011658X 地 址、电 话：郁州市安井路 31 号 2694266 开户行及账号：中行安井支行 61181700294X	备注	（印章：郁州市南方设备维修公司 91450940020011658X 发票专用章）

收款人：卢勇能　　　复核：张凯　　　开票人：何一通　　　销售方：（章）

第二联：抵扣联　购买方扣税凭证

43-5（5）

车间设备维修费计算表

20××年 12 月 29 日

所属部门	设备名称	收费标准	修理工时	修理费
解板车间	机器设备	50	40	2000
	电子设备	30	1	30
	小　计			2030
成型车间	机器设备	60	50	3000
	电子设备	30	1	30
	小　计			3030
烤漆车间	机器设备	50	40	2000
	电子设备	30	1.1	34.02
	小　计			
合　计				7094.02

审核：钟立国　　　　　　制表：张月萌

经济业务 44：银行扣收办理业务手续费，取得票据 1 张。

业务解析

44–1

ICBC 中国工商银行　　　　收费　凭证

20××年 12 月 30 日　　　　№ 0012003176

付费账号：2111703001950146O1X
付费户名：郁州市明星家具有限公司
开户行：工商银行城西支行
币种：人民币（本位币）
合计实收金额（大写）：人民币（本位币）陆佰叁拾贰元捌角整
合计实收金额（小写）：　　RMB632.80
合计应收金额：　　RMB632.80
付费方式：结算户转账
产品名称：银行业务结算
服务项目名称：银行业务结算
摘要：12 月柜台业务手续费、网银汇划费
费用发生日：业务发生日：20××年 12 月 01 日至 12 月 30 日
经办　01675　　　复核　01569　　　记账：

中国工商银行股份有限公司郁州城西支行
20XX. 12. 30
核算用章（02）

经济业务 45：公司公务车充汽油卡，取得票据 4 张。

业务解析

45–4（1）

中国工商银行
转账支票存根
10212650
17205776

附加信息

出票日期：20××年 12 月 30 日

收款人：	中国石化股份有限公司郁州分公司
金　额：	¥1890.00
用　途：	充车辆油卡
备　注：	

单位主管　　　会计　张月萌

45-4（2）

银行转账审批单

20××年 12 月 30 日

收款单位	中国石化股份有限公司郁州分公司		开户银行	工商银行郁州东郊分行	
银行账号	2111801002189037742X		转账事由	充公司小车用油卡	
金额（大写）零拾零万壹仟捌佰玖拾零元零角零分 ¥1890.00					
经办人	部门领导	财务审核	公司领导	备注	
李莺	罗荣棠	钟立国	同意 袁方	有无合同	日常充油卡
				款项期数	一次付，支票对方背书
				有无发票	增值税专用发票
说明：本单据由经办人填写，如无发票先付款的，由经办人负责跟踪索取发票。					

45-4（3）

4500173130

广西增值税专用发票

发票联

№ 10266962

4500173130

10266962

开票日期：20××年 12 月 30 日

购买方	名称：郁州市明星家具有限公司 纳税人识别号：914509010013106672X 地址、电话：郁州市大华路 10 号 3834218 开户行及账号：工行城西支行 2111703001950146601X			密码区	138572+28701-/*+73901-<<921 **32575/*918-6274>924+657// 1987032*/-652<32508+98236/5 759//*43192*5620-/+9362>>28		
货物或应税劳务、服务名称	规格型号	单位	数量	单价	金额	税率	税额
汽油	92#	升	300	5.3846	1615.38	17%	274.62
合　计					¥1615.38		¥274.62
价税合计（大写）	⊗ 壹仟捌佰玖拾圆整				（小写）¥1890.00		
销售方	名称：中国石化股份有限公司郁州分公司 纳税人识别号：91450900120654028X 地址、电话：郁州市东郊路 210 号 2847526 开户行及账号：工行东郊支行 2111801002189037742X			备注	中国石化股份有限公司郁州分公司 91450900120654028X 发票专用章		

第三联：发票联　购买方记账凭证

收款人：阎敏　　复核：林小平　　开票人：甘光　　销售方：（章）

45-4（4）

4500173130　　**广西增值税专用发票**　　№ 10266962

抵　扣　联

（全国统一发票监制章　广西　国家税务总局监制）

4500173130

10266962

开票日期：20××年 12 月 30 日

购买方	名　　　称：郁州市明星家具有限公司 纳税人识别号：91450901001310672X 地 址、电 话：郁州市大华路 10 号 3834218 开户行及账号：工行城西支行 211170300195014601X				密码区	138572+28701-/*+73901-<<921 **32575/*918-6274>924+657// 1987032*/-652<32508+98236/5 759//*43192*5620-/+9362>>28	
货物或应税劳务、服务名称	规格型号	单位	数量	单价	金额	税率	税额
汽油	92#	升	300	5.3846	1615.38	17%	274.62
合　计					¥1615.38		¥274.62
价税合计（大写）	⊗ 壹仟捌佰玖拾圆整					（小写）¥1890.00	
销售方	名　　　称：中国石化股份有限公司郁州分公司 纳税人识别号：91450900120654028X 地 址、电 话：郁州市东郊路 210 号 2847526 开户行及账号：工行东郊支行 211180100218903742X				备注	（中国石化股份有限公司郁州分公司　91450900120654028X　发票专用章）	

第二联：抵扣联　购买方扣税凭证

收款人：阎敏　　复核：林小平　　开票人：甘光　　销售方：（章）

经济业务 46：支付增值税税控系统技术服务费，取得票据 4 张。

业务解析

46-4（1）

中国工商银行

现金支票存根

10212650

17205777

附加信息

出票日期：20××年 12 月 30 日

收款人：	广西航信科技有限公司郁州分公司
金　额：	¥371.00
用　途：	付税控系统维护费
备　注：	

单位主管　　会计 张月萌

46–4（2）

银行转账审批单

20××年 12 月 29 日

收款单位	广西航信科技公司郁州分公司		开户银行	农行郁州江岸支行	
银行账号	20-40570012830591X		转账事由	付防伪税控系统维护费	
金额（大写）零拾零万零仟叁佰柒拾零元壹角零分 ¥371.00					
经办人	部门领导	财务审核	公司领导	备注	
李海琼	张平	钟立国	同意 袁方	有无合同	技术服务合同
				款项期数	全付，支票给对方背书
				有无发票	增值税专用发票
说明：本单据由经办人填写，如无发票先付款的，由经办人负责跟踪索取发票。					

46–4（3）

4500173130　　广西增值税专用发票　　№ 10313152

（印章：全国统一发票监制章 广西 国家税务总局监制）

发票联

4500173130

10313152

开票日期：20××年 12 月 30 日

购买方	名　　称：郁州市明星家具有限公司 纳税人识别号：91450901001310672X 地 址、电 话：郁州市大华路 10 号 3834218 开户行及账号：工行城西支行 211170300195014601X	密码区	7732483+1294**<6035+303/758 9015//*287193+-2457703*/672 6*198426-/3569+<<3*40124-36 <15>-8232741+21746*>417-2//

货物或应税劳务、服务名称	规格型号	单位	数量	单价	金额	税率	税额
技术维护费		项	1	350	350.00	6%	21.00
合　计					¥350.00		¥21.00
价税合计（大写）	⊗ 叁佰柒拾壹圆整				（小写）¥371.00		

销售方	名　　称：广西航信科技公司郁州分公司 纳税人识别号：91450910561730753X 地 址、电 话：郁州市电脑城 1-236 号 3516827 开户行及账号：农行江岸支行 20-405700122830591X	备注	（印章：广西航信科技公司郁州分公司 91450910561730753X 发票专用章）

收款人：王文姝　　复核：张英　　开票人：梁维民　　销售方：（章）

第三联：发票联　购买方记账凭证

46–4（4）

4500173130　　**广西增值税专用发票**　　№ 10313152

抵　扣　联

4500173130

10313152

开票日期：20××年 12 月 30 日

购买方	名　　称：郁州市明星家具有限公司 纳税人识别号：91450901001310672X 地 址、电 话：郁州市大华路 10 号 3834218 开户行及账号：工行城西支行 211170300195014601X	密码区	7732483+1294**<6035+303/758 9015//*287193+-2457703*/672 6*198426-/3569+<<3*40124-36 <15>-8232741+21746*>417-2//

货物或应税劳务、服务名称	规格型号	单位	数量	单价	金额	税率	税额
技术维护费		项	1	350	350.00	6%	21.00
合　计					¥350.00		¥21.00
价税合计（大写）	⊗ 叁佰柒拾壹圆整				（小写）¥371.00		

销售方	名　　称：广西航信科技公司郁州分公司 纳税人识别号：91450910561730753X 地 址、电 话：郁州市电脑城 1-236 号 3516827 开户行及账号：农行江岸支行 20-405700122830591X	备注	广西航信科技公司郁州分公司 91450910561730753X 发票专用章

收款人：王文姝　　复核：张英　　开票人：梁维民　　销售方：（章）

第二联：抵扣联　购买方扣税凭证

经济业务 47：处理报废材料，取得票据 2 张。

业务解析

47–2（1）

资产报废处置的申请报告

公司领导：

由于受本年第 8 号强台风降雨的影响，雨水从公司辅助材料仓库大门涌入，导致 30 只包装纸箱被雨水浸泡而报废，该纸箱单位采购成本 80 元，共计价值 2400 元，仓管部报来财务处理意见，财务部建议作为非正常损失处理，请领导审查批准。

同意做损失处理。

袁方 30/12

财 务 部

20××年 12 月 29 日

47–2（2）

领料单

20××年 12 月 30 日

发料仓库：辅料仓库　　　　　　　　　　　　　　编　　号：0019580

领料部门：清理水泡包装纸箱　　　　　　　　　　生产任务单号：

编号	名称	规格型号	单位	请领数	实领数	单位成本	金额								
							百	十	万	千	百	十	元	角	分
FL002	纸箱	大号	个	30	30	80				2	4	0	0	0	0
用途：做报废处理，清理出仓库。（详见财务部报告）									¥	2	4	0	0	0	0

②财务联

车间主任：陆源　　　仓库保管：易忆　　　领料人：　　　制单人：易忆

经济业务 48：结算分期收款销售，取得票据 2 张。

业务解析

48–2（1）

4500173130　　　**广西增值税专用发票**　　　№ 10261306

此联不作报销、扣税凭证使用

4500173130

10261306

开票日期：20××年 12 月 31 日

购买方	名　　称：南宁市柔美家具有限公司 纳税人识别号：91450100110275463X 地 址、电 话：南宁市大学路 109 号 2874259 开户行及账号：工行西乡支行 20110054800139458X	密码区	18950*4+2831//37*452+>-6036 828501-2810**697-10/<*1782+ 7406*724-90<-23613-+287/451 /8*321+2910712+6042<52+4190

货物或应税劳务、服务名称	规格型号	单位	数量	单价	金额	税率	税额
1#沙发	五件套	套	10	3000.00	30000.00	17%	5100.00
2#沙发	四件套	套	10	2800.00	28000.00	17%	4760.00
合　计					¥58000.00		¥9860.00
价税合计（大写）	⊗ 陆万柒仟捌佰陆拾圆整				（小写）¥67860.00		

销售方	名　　称：郁州市明星家具有限公司 纳税人识别号：91450901001310672X 地 址、电 话：郁州市大华路 10 号 3834218 开户行及账号：工行城西支行 211170300195014601X	备注	郁州市明星家具有限公司 91450901001310672X 发票专用章

收款人：陈明　　　复核：张平　　　开票人：李海琼　　　销售方：（章）

第一联：记账联　销售方记账凭证

48-2（2）

分期收款销售产品协议（摘要）

销售方：郁州市明星家具有限公司（以下简称甲方）
购买方：南宁市柔美家具有限公司（以下简称乙方）

甲、乙双方在自愿、平等、互利的基础上，为了明确各方的权利和义务，经协商一致，特订立本协议。

一、发出货物规定：甲方在本年 7 月 5 日前发出 1#沙发和 2#沙发各 20 套给乙方，货物运输方式及费用由乙方负责。

二、货款结算及支付：货款分两次结算。第三季度和第四季度的最后一个月的月末为结算日，结算数量分别为发出货物的 50%，货款在结算日后 5 天内支付给甲方。

……

八、本协议一式贰份，甲、乙双方各执壹份，经双方签字盖章后生效。

甲方：郁州市明星家具有限公司（印章：郁州市明星家具有限公司）
法定代表人或代表人：袁　方
20××年 7 月 1 日

乙方：南宁市柔美家具有限公司（印章：南宁市柔美家具有限公司）
法定代表人或代表人：黄晓文
20××年 7 月 1 日

经济业务 49：收到出租房屋墙面广告位租赁费，取得票据 3 张。

业务解析

49-3（1）

ICBC 中国工商银行　进账单（收账通知）　3

20××年 12 月 31 日

出票人	全　称	郁州蓝色火焰广告有限公司	收款人	全　称	郁州市明星家具有限公司
	账　号	211170201460078436X		账　号	211170300195014601X
	开户银行	工商银行郁州教育路支行		开户银行	工商银行郁州城西支行
金额	人民币（大写）	壹仟陆佰陆拾伍圆整		亿 千 百 十 万 千 百 十 元 角 分	¥ 1 6 6 5 0 0
票据种类	转账支票	票据张数	1		
票据号码	17302251#				
复核：	记账：			开户银行盖章	

（印章：中国工商银行股份有限公司郁州城西支行　20XX.12.31　核算用章（01））

此联是银行交给收款人的收账通知

49-3（2）

4500173130

广西增值税专用发票

此联不作报销、扣税凭证使用

№ 10261307

4500173130

10261307

开票日期：20××年 12 月 31 日

购买方	名　　　称：郁州蓝色火焰广告有限公司 纳税人识别号：91450912520058137X 地 址、电 话：郁州市教育东路 82 号 2741816 开户行及账号：工行环东支行 211170201460078436X	密码区	/*19820+>>94780296-29870++5 245043//+0376*92-<**8768243 *-1761380+287-4/3452193<5>8 21854-12+604229*783*<<52083

货物或应税劳务、服务名称	规格型号	单位	数量	单价	金额	税率	税额
房屋墙面租赁费		平方	150	10.00	1500.00	11%	165.00
合　计					¥1500.00		¥165.00
价税合计（大写）	⊗ 壹仟陆佰陆拾伍圆整				（小写）¥1665.00		

销售方	名　　　称：郁州市明星家具有限公司 纳税人识别号：91450901001310672X 地 址、电 话：郁州市大华路 10 号 3834218 开户行及账号：工行城西支行 211170300195014601X	备注	

收款人：陈明　　复核：张平　　开票人：李海琼　　销售方：（章）

第一联：记账联　销售方记账凭证

49-3（3）

房屋墙面广告位租赁协议（摘要）

出租方：郁州市明星家具有限公司（以下简称甲方）

承租方：郁州蓝色火焰广告有限公司（以下简称乙方）

甲、乙双方在自愿、平等、互利的基础上，经协商一致，就甲方将其合法使用的房屋墙面出租给乙方作为发布墙体广告的事宜，订立本协议。

一、房屋墙面位置：郁州市大华路 10 号南面临街一侧，面积 150 平方米。

二、租赁期限：租赁期共叁年，自 20××年 12 月 1 日起计算。

三、租赁费：每年壹万捌仟元整（¥18000.00）（不含税，每平方米 120 元/年），按月支付。

……

七、本协议一式贰份，甲、乙双方各执壹份，经双方签字盖章后生效。

甲方：郁州市明星家具有限公司
法定代表人或代表人：袁　方
20××年 12 月 1 日

乙方：郁州蓝色火焰广告有限公司
法定代表人或代表人：苏宁沪
20××年 12 月 1 日

经济业务 50：烤漆车间领用产成品包装材料，取得票据 1 张。

业务解析

50–1

领料单

20××年 12 月 20 日

发料仓库：辅料 2 仓　　　　　　　　　　　　　　　编　　号：0019592

领料部门：烤漆车间　　　　　　　　　　　　　　　生产任务单号：00120002

编号	名称	规格型号	单位	请领数	实领数	单位成本	金额								
							百	十	万	千	百	十	元	角	分
ZZ001	纸箱	大号	个	15	15	80				1	2	0	0	0	0
ZZ002	泡沫包装条		立方	0.5	0.5	2000				1	0	0	0	0	0
ZZ003	包装带		卷	5	5	50					2	5	0	0	0
用途：包装产成品用									¥	2	4	5	0	0	0

②财务联

车间主任：赖丰　　仓库保管：易忆　　领料人：蓝天远　　制单人：易忆

经济业务 51：月末计提应收账款的坏账准备，取得票据 1 张。

业务解析

51–1

应收账款计提坏账准备

20××年 12 月 31 日

单位：元

序号	项目	月末余额	计提比例	计提金额	原“坏账准备”金额	入账金额
1	应收账款		5‰			
合　计						

复核：钟立国　　　　　　　　　　　　制表：张月萌

业务解析

经济业务 52：12 月份领料汇总，取得票据 11 张。

52–11（1）

车间领料汇总表

20××年 12 月 31 日

名称	生产成本				制造费用					
	1#沙发		2#沙发		解板车间		成型车间		烤漆车间	
	数量	金额	数量	金额	数量	金额	数量	金额	数量	金额
板材										
油漆(底)										
油漆(面)										
工作服										
手套										
工作帽										
防护眼镜										
毛巾										
洗衣粉										
合　计										

复核：钟立国　　　　制表：张月萌

52–11（2）

领料单

20××年 12 月 31 日

发料仓库：主料 2 仓　　　　编　　号：0019582

领料部门：成型车间　　　　生产任务单号：00120002

编号	名称	规格型号	单位	请领数	实领数	单位成本	金额								
							百	十	万	千	百	十	元	角	分
ZL002	板材		立方	70	70	2254.99		1	5	7	8	4	9	3	0
用途：生产 1#沙发用料							¥	1	5	7	8	4	9	3	0

②财务联

车间主任：高洪　　仓库保管：易忆　　领料人：陆大明　　制单人：易忆

52–11（3）

领料单

20××年 12 月 20 日

发料仓库：主料 2 仓　　　　编　　号：0019583
领料部门：成型车间　　　　生产任务单号：00120002

编号	名称	规格型号	单位	请领数	实领数	单位成本	金额								
							百	十	万	千	百	十	元	角	分
ZL002	板材		立方	60	60	2254.99		1	3	5	2	9	9	4	0
用途：生产 2#沙发用料							¥	1	3	5	2	9	9	4	0

②财务联

车间主任：高洪　　仓库保管：易忆　　领料人：陆大明　　制单人：易忆

52–11（4）

领料单

20××年 12 月 20 日

发料仓库：辅料 2 仓　　　　编　　号：0019584
领料部门：烤漆车间　　　　生产任务单号：00120002

编号	名　称	规格型号	单位	请领数	实领数	单位成本	金额								
							百	十	万	千	百	十	元	角	分
FL009	三棵树底漆	5L	桶	10	10	230				2	3	0	0	0	0
FL010	三棵树面漆	5L	桶	10	10	288				2	8	8	0	0	0
用途：1#沙发用料									¥	5	1	8	0	0	0

②财务联

车间主任：赖丰　　仓库保管：易忆　　领料人：蓝天远　　制单人：易忆

52–11（5）

领料单

20××年 12 月 20 日

发料仓库：辅料 2 仓　　　　编　　号：0019585
领料部门：烤漆车间　　　　生产任务单号：00120002

编号	名　称	规格型号	单位	请领数	实领数	单位成本	金额								
							百	十	万	千	百	十	元	角	分
FL009	三棵树底漆	5L	桶	8	8	230				1	8	4	0	0	0
FL010	三棵树面漆	5L	桶	8	8	288				2	3	0	4	0	0
用途：2#沙发用料									¥	4	1	4	4	0	0

②财务联

车间主任：赖丰　　仓库保管：易忆　　领料人：蓝天远　　制单人：易忆

52–11（6）

领料单

20××年 12 月 20 日

发料仓库：辅料 2 仓　　　　编　　号：0019586

领料部门：触板车间　　　　生产任务单号：00120002

编号	名　称	规格型号	单位	请领数	实领数	单位成本	金　额								
							百	十	万	千	百	十	元	角	分
FL005	工作服	中号	套	6	6	150					9	0	0	0	0
FL007	手套	中号	双	12	12	4						4	8	0	0
FL008	工作帽	中号	顶	6	6	8						4	8	0	0
用途：工人防护用										¥	9	9	6	0	0

②财务联

车间主任：杜永彬　　仓库保管：易忆　　领料人：张冯　　制单人：易忆

52–11（7）

领料单

20××年 12 月 20 日

发料仓库：辅料 2 仓　　　　编　　号：0019587

领料部门：触板车间　　　　生产任务单号：00120002

编号	名　称	规格型号	单位	请领数	实领数	单位成本	金　额								
							百	十	万	千	百	十	元	角	分
FL006	防护眼镜	中号	副	6	6	20					1	2	0	0	0
FL002	毛巾	中号	条	12	12	6						7	2	0	0
FL004	洗衣粉	300g	包	6	6	8						4	8	0	0
用途：工人劳保用品										¥	2	4	0	0	0

②财务联

车间主任：杜永彬　　仓库保管：易忆　　领料人：张冯　　制单人：易忆

52–11（8）

领料单

20××年 12 月 20 日

发料仓库：辅料 2 仓　　　　编　　号：0019588

领料部门：成型车间　　　　生产任务单号：00120002

编号	名　称	规格型号	单位	请领数	实领数	单位成本	总金额								
							百	十	万	千	百	十	元	角	分
FL005	工作服	中号	套	10	10	150				1	5	0	0	0	0
FL007	手套	中号	双	20	20	4						8	0	0	0
FL008	工作帽	中号	顶	10	10	8						8	0	0	0
用途：工人防护用									¥	1	6	6	0	0	0

②财务联

车间主任：高洪　　仓库保管：易忆　　领料人：陆大明　　制单人：易忆

52-11（9）

领料单

20××年 12 月 20 日

发料仓库：辅料 2 仓　　　　编　　号：0019589

领料部门：成型车间　　　　生产任务单号：00120002

编号	名称	规格型号	单位	请领数	实领数	单位成本	金额								
							百	十	万	千	百	十	元	角	分
FL006	防护眼镜	中号	把	10	10	20					2	0	0	0	0
FL002	毛巾	中号	条	20	20	6					1	2	0	0	0
FL004	洗衣粉	300g	包	10	10	8						8	0	0	0
用途：劳保用品										¥	4	0	0	0	0

②财务联

车间主任：高洪　　仓库保管：易忆　　领料人：陆大明　　制单人：易忆

52-11（10）

领料单

20××年 12 月 20 日

发料仓库：辅料 2 仓　　　　编　　号：0019590

领料部门：烤漆车间　　　　生产任务单号：00120002

编号	名称	规格型号	单位	请领数	实领数	单位成本	金额								
							百	十	万	千	百	十	元	角	分
FL005	工作服	中号	套	12	12	150				1	8	0	0	0	0
FL007	手套	中号	双	24	24	4						9	6	0	0
FL008	工作帽	中号	顶	12	12	8						9	6	0	0
用途：工人防护用									¥	1	9	9	2	0	0

②财务联

车间主任：高洪　　仓库保管：易忆　　领料人：蓝天远　　制单人：易忆

52-11（11）

领料单

20××年 12 月 20 日

发料仓库：辅料 2 仓　　　　编　　号：0019591

领料部门：烤漆车间　　　　生产任务单号：00120002

编号	名称	规格型号	单位	请领数	实领数	单位成本	金额								
							百	十	万	千	百	十	元	角	分
FL006	防护眼镜	中号	把	12	12	20					2	4	0	0	0
FL002	毛巾	中号	条	24	24	6					1	4	4	0	0
FL004	洗衣粉	300g	包	12	12	8						9	6	0	0
用途：劳保用品										¥	4	8	0	0	0

②财务联

车间主任：赖丰　　仓库保管：易忆　　领料人：蓝天远　　制单人：易忆

经济业务53：计提12月份固定资产折旧，取得票据1张。

业务解析

53-1

固定资产折旧计算表

20××年12月31日

使用单位	固定资产类别	月初固定资产原价	月折旧率	月折旧额
解板车间	机器设备	335300	0.61%	2042
	电子设备	8700	2%	174
	小　计	344000		2216
成型车间	机器设备	586800	0.60%	3494
	电子设备	12035	2%	241
	小　计	598835		3735
烤漆车间	机器设备	350530	0.64%	2244
	电子设备	10850	2%	217
	小　计	361380		2461
公司管理部门	运输设备	133600	1.60%	2138
	电子设备	48900	2.00%	978
	小　计	182500		3116
销售部门	电子设备	15200	2.00%	304
合　计		1501915		11832

审核：钟立国　　　　制表：张月萌

经济业务54：分配12月份工资及福利费，取得票据2张。

业务解析

54-2（1）

12月份投产量及生产工时统计表

20××年12月31日

车间	产品名称	投产数量	单位工时定额	生产工时	备　注
成型车间	1#沙发	280	15	4200	
	2#沙发	250	12	3000	
烤漆车间	1#沙发	290	10	2900	
	2#沙发	254	8	2032	
合　计				12132	

复核：钟立国　　　　制表：张月萌

54–2（2）

工资费用分配表

20××年12月31日

项目		待分配费用	生产工时	分配率	分配金额	备注
生产成本（解板车间）	板材					由板材负担
生产成本（成型车间）	1#沙发		4200			尾数计入2#沙发
	2#沙发		3000			
小计			7200			
生产成本（烤漆车间）	1#沙发		2900			
	2#沙发		2032			
小计			4932			
制造费用（解板车间）						
制造费用（成型车间）						
制造费用（烤漆车间）						
管理费用						
销售费用						
合计						

复核：钟立国　　　　制表：张月萌

经济业务55：分配12月份水电费，取得票据1张。

业务解析

55–1（1）

水费和电费分配表

20××年12月31日

项目	自来水费分配			电费分配			合计
	耗用量	分配率	金额	耗用量	分配率	金额	
制造费用（解板车间）	2350			18860			
制造费用（成型车间）	1738			12530			
制造费用（烤漆车间）	1082			13540			
管理费用（办公室）	38			530			
销售费用（销售部）	4			160			
合计	5212			45620			

复核：钟立国　　　　制表：张月萌

经济业务 56：计算解板车间板材生产成本，取得票据 2 张。

业务解析

56–2（1）

产品成本计算单

车间名称：解板车间　　20××年 12 月 31 日　　完工数量：163 立方

产品名称：板材　　投料方式：一次投料　　在产品数量：0

项　目	直接材料	直接人工	制造费用	合　计
月初在产品成本				
本月生产费用				
完工产品数量合计				
单位产品成本				
转出完工成品成本				
月末在产品成本				

复核：钟立国　　制表：张月萌

56–2（2）

产品入库单

生产车间：解板车间　　编　　号：00120012

生产号令：产字（20××）15 号　　20××年 12 月 31 日　　仓库名称：主材料仓

产品名称	规格型号	等级	单位	数量	单位成本	金额									
						千	百	十	万	千	百	十	元	角	分
板材	3CM	优级	立方	163											
合　计															

②记账联

仓库主管：陆源　　保管：易忆　　复核：毕晖　　制单：易忆

经济业务 57：成型车间领用板材，取得票据 2 张。

业务解析

57–2（1）

领料单

20××年 12 月 31 日

发料仓库：主料 2 仓　　　　编　　号：0019593

领料部门：成型车间　　　　生产任务单号：00120002

编号	名称	规格型号	单位	请领数	实领数	单位成本	金额								
							百	十	万	千	百	十	元	角	分
ZL002	板材	3CM	立方	90	90										
用途：		生产 1#沙发用料													

②财务联

车间主任：高洪　　仓库保管：易忆　　领料人：陆大明　　制单人：易忆

57–2（2）

领料单

20××年 12 月 31 日

发料仓库：主料 2 仓　　　　编　　号：0019594

领料部门：成型车间　　　　生产任务单号：00120002

编号	名称	规格型号	单位	请领数	实领数	单位成本	金额								
							百	十	万	千	百	十	元	角	分
ZL002	板材		立方	73	73										
用途：生产 2#沙发用料															

②财务联

车间主任：高洪　　仓库保管：易忆　　领料人：陆大明　　制单人：易忆

经济业务 58：分配生产车间制造费用，取得票据 1 张。

业务解析

58–1

制造费用分配表

20××年 12 月 31 日

车　间	产品名称	待分配费用	生产工时	分配率	分配金额
成型车间	1#沙发		4200		
	2#沙发		3000		
	小　计		7200		
烤漆车间	1#沙发		2900		
	2#沙发		2032		
	小　计		4932		
合　计					

复核：钟立国　　　　制表：张月萌

经济业务 59：计算产品成本，取得票据 7 张。

业务解析

59–7（1）

12 月份投产数量及完工数量统计表

20××年 12 月 31 日

车　间	产品名称	月初在产品数量	本月投产量	本月完工数量	月末在产品数量
成型车间	1#沙发	30	265	275	20
	2#沙发	20	236	240	16
	小　计				
烤漆车间	1#沙发	0	275	275	0
	2#沙发	0	240	240	0
	小　计				
合　计					

复核：钟立国　　　　制表：张月萌

59-7（2）

12 月份在产品数量折算表

20××年 12 月 31 日

车间	产品名称	月末在产品数量	工时定额	车间完工程度	总完工程度	约当产量
成型车间	1#沙发	20	15	50%	50%	10
	2#沙发	16	12	50%	50%	8
	小　计	36				18
烤漆车间	1#沙发					
	2#沙发					
	小　计					
合　计		36				18

复核：钟立国　　　　制表：张月萌

59-7（3）

产品成本计算单

车间名称：成型车间　　20××年 12 月 31 日　　完工数量：275

产品名称：1#沙发　　投料方式：一次投料　　在产品数量：20

项　目	直接材料	直接人工	制造费用	合　计
月初在产品成本				
月初在产品数量				
本月生产费用				
生产费用合计				
完工产品数量				
约当产品数量				
完工及约当数量合计				
单位产品成本				
完工产品成本				
月末在产品成本				

复核：钟立国　　　　制表：张月萌

59–7（4）

产品成本计算单

车间名称：成型车间　　20××年 12 月 31 日　　完工数量：240

产品名称：2#沙发　　投料方式：一次投料　　在产品数量：16

项　目	直接材料	直接人工	制造费用	合　计
月初在产品成本				
月初在产品数量				
本月生产费用				
生产费用合计				
完工产品数量				
约当产品数量				
完工及约当数量合计				
单位产品成本				
完工产品成本				
月末在产品成本				

复核：钟立国　　制表：张月萌

59–7（5）

产品成本计算单

车间名称：烤漆车间　　20××年 12 月 31 日　　完工数量：275

产品名称：1#沙发　　投料方式：一次投料　　在产品数量：—

项　目	直接材料	直接人工	制造费用	合　计
月初在产品成本				
月初在产品数量				
成型车间转入费用				
本月生产费用				
生产费用合计				
完工产品数量				
约当产品数量				
完工及约当数量合计				
单位产品成本				
完工产品成本				
月末在产品成本				

复核：钟立国　　制表：张月萌

59–7（6）

产品成本计算单

车间名称：烤漆车间　　20××年 12 月 31 日　　完工数量：240

产品名称：2#沙发　　投料方式：一次投料　　在产品数量：—

项　目	直接材料	直接人工	制造费用	合　计
月初在产品成本				
月初在产品数量				
成型车间转入费用				
本月生产费用				
生产费用合计				
完工产品数量				
约当产品数量				
完工及约当数量合计				
单位产品成本				
完工产品成本				
月末在产品成本				

复核：钟立国　　制表：张月萌

59–7（7）

产品入库单

生产车间：烤漆车间　　编　号：00120013

生产号令：产字(20××)15 号　　20××年 12 月 31 日　　仓库名称：成品仓库

产品名称	规格型号	等级	单位	数量	单位成本	金额									
						千	百	十	万	千	百	十	元	角	分
1#沙发	五件套	优	套												
2#沙发	四件套	优	套												
合　计															

②记账联

仓库主管：陆源　　保管：曾丽蓉　　复核：李春华　　制单：曾丽蓉

业务解析

经济业务60：处理盘亏原材料，取得票据1张。

60–2（1）

关于原材料盘亏处理的报告

公司领导：

公司财产清查小组在对进行年度财产全面清查，发现原材料仓库中板材盘亏0.3立方，经查属于转让材料时，仓库保管员多发所致，建议所盘亏的材料由保管员赔偿，请领导审查批准。

附：原材料盘盈盘亏报告表。

同意财产清查小组建议。

袁方 31/12

公司财产清查小组

20××年12月31日

60–2（2）

原材料盘盈盘亏报告表

20××年12月31日

材料名称	单位	账存数		实存数		盘盈/亏数		盈亏原因及处理意见
		数量	金额	数量	金额	数量	金额	
板材	立方	153	345013.47	152.70	344336.97	-0.3	676.50	仓管责任，赔偿

仓库主任：陆源　　保管：曾丽蓉　　监盘：张月萌　　制表：曾丽蓉

经济业务 61：本月专用发票抵扣联认证，转入“进项税额”，取得票据 2 张。

业务解析

61-2（1）

认证结果通知书

郁州市明星家具有限公司：

你单位于 20××年 12 月报送的增值税专用发票抵扣联共 17 份。经过认证，认证相符的增值税专用发票 17 份，税额 100621.40 元；认证异常的增值税专用发票 0 份，税额 0 元。

现将认证相符的增值税发票抵扣联退还给你单位，请查收。认证异常的增值税专用发票暂留我局检查。

请将认证相符的增值税发票抵扣联与本通知书一起装订成册，作为税务检查的备查资料。

认证详细情况见本通知所附清单。

郁州市国家税务局直属税务分局

20××年 12 月 31 日

61-2（2）

认证结果清单（认证相符）

所属期：20××年 12 月

企业名称：郁州市明星家具有限公司　　　　纳税人识别号：91450901001310672X

序号	发票代码	发票号码	开票日期	销货方税号	金额	税率	税额	结果	发票类别
1	4400173130	10289461	12 月 1 日	91441900331893626X	255000	17%	43350	相符	专用发票
2	4500173130	10263089	12 月 6 日	91450910036420625X	16940	17%	2879.8	相符	专用发票
3	4400173130	10291075	12 月 8 日	91440357002462008X	12465	11%	1371.15	相符	专用发票
4	4400173130	10289967	12 月 9 日	91442001783100257X	−16100	17%	−2737	相符	专用发票
5	4500173130	10263794	12 月 12 日	91450910113400268X	10360	17%	1761.2	相符	专用发票
6	4500173130	10264132	12 月 14 日	91450520145810073X	188000	17%	31960	相符	专用发票
7	4500173130	10264872	12 月 14 日	91450901200372084X	29000	17%	4930	相符	专用发票
8	4400173130	10292684	12 月 16 日	91440113000153206X	5660.38	6%	339.62	相符	专用发票
9	4500173130	10265213	12 月 16 日	91450910052830092X	2800	17%	476	相符	专用发票
10	4500173130	10265028	12 月 17 日	91450930126910153X	14150.94	6%	849.06	相符	专用发票
11	4500173130	10266165	12 月 18 日	91450926007310058X	72072.07	11%	7927.93	相符	专用发票
12	4500173130	10262174	12 月 24 日	91450900126405639X	29561.76	17%	5025.5	相符	专用发票
13	4500173130	10263087	12 月 24 日	91450910036420625X	20149.68	3%	385.6	相符	专用发票
14	4500173130	10264133	12 月 25 日	91450910011203518X	4127.9	11%	454.1	相符	专用发票
	4500173130	10264133	12 月 25 日	91450910011203518X	1826.4	6%	109.6	相符	专用发票
15	4500173130	10267032	12 月 25 日	9145091020DK10026X	1941.75	3%	58.25	相符	专用发票
16	4500173130	10265976	12 月 29 日	91450940020011658X	7094.02	17%	1205.98	相符	专用发票
17	4500173130	10266962	12 月 30 日	91450900120654028X	1615.38	17%	274.62	相符	专用发票
	合　计				656665.3		100621.4		

郁州市国家税务局直属税务分局　第01号　专用发票认证章

填表人：张月萌　填表日期：20××年 12 月 30 日　　接受人：梁爱雯　接受时间：20××年 12 月 31 日

经济业务 62：计算结转本月应交增值税，取得票据 5 张。

业务解析

62–5（1）

12月应交增值税计算表

20××年12月31日

项　目	销项税额	进项税额	进项税额转出	减免税	应交增值税	转出未交增值税
账载金额						
月末转出						
合 计						

复核：钟立国　　　　制表：张月萌

62–5（2）

专用发票汇总表

制表日期：20××年 12 月 31 日
所属期间：12 月第 1 期
专用发票统计表：1-01
增值税专用发票汇总表（20××年 12 月）
纳税人登记号：91450901001310672X
企业名称：郁州市明星家具有限公司
地址电话：郁州市大华路 10 路 3834218

发票领用存情况

期初库存份数	10	正数发票份数	6	负数发票份数	1
购进发票份数	20	正数废票份数	0	负数废票份数	0
退回发票从数	0	期末库存份数	23		

销项情况　　单位：元

序号	项目名称	合计	17%	11%	6%	3%	其他
1	销项正废金额	713700	712200	1500			
2	销项正数金额	713700	712200	1500			
3	销项负废金额	5600	5600				
4	销项负数金额	5600	5600				
5	实际销售金额	708100	706600	1500			
6	销项正废税额	121239	121074	165			
7	销项正数税额	121239	121074	165			
8	销项负废税额	952	952				
9	销项负数税额	952	952				
10	实际销项税额	120287	120122	165			

第 1 页　共 1 页

62-5（3）

专用发票明细表

制表日期：20××年 12 月 31 日

专用发票统计表：1-02

正数发票汇总表清单（20××年 12 月）本期数据

纳税人登记号：91450901001310672X

企业名称：郁州市明星家具有限公司

地址电话：郁州市大华路 10 路 3834218

单位：元

序号	发票种类	类别代码	发票号码	开票日期	购方税号	合计金额	合计税额	税率
1	专用发票	4500173130	10261301	12 月 1 日	91450110020652715X	117000	19890	17%
2	专用发票	4500173130	10261302	12 月 2 日	91450901021367427X	-5600	-952	17%
3	专用发票	4500173130	10261303	12 月 3 日	91450300120031526X	172200	29274	17%
4	专用发票	4500173130	10261304	12 月 7 日	9145080065320017AX	290000	49300	17%
5	专用发票	4500173130	10261305	12 月 12 日	91450912006743010X	75000	12750	17%
6	专用发票	4500173130	10261306	12 月 31 日	91450100110275463X	58000	9860	17%
7	专用发票	4500173130	10261307	12 月 31 日	91450912520056137X	1500	165	11%
						708100	120287	

填表人：张月萌　　　　录入员：　　　　复核员：　　　　审核员：钟立国

62-5（4）

普通发票汇总表

制表日期：20××年 12 月 31 日

所属期间：12 月第 1 期

普通发票统计表：1-01

增值税普通发票汇总表（20××年 12 月）

纳税人登记号：91450901001310672X

企业名称：郁州市明星家具有限公司

地址电话：郁州市大华路 10 路 3834218

发票领用存情况

期初库存份数	5	正数发票份数	1	负数发票份数	0
购进发票份数	10	正数废票份数	0	负数废票份数	0
退回发票从数	0	期末库存份数	14		

销项情况　　单位：元

序号	项目名称	合计	17%	13%	6%	3%	其他
1	销项正废金额	2850	2850				
2	销项正数金额	2850	2850				
3	销项负废金额						
4	销项负数金额						
5	实际销售金额	2850	2850				
6	销项正废税额	484.50	484.50				
7	销项正数税额	484.50	484.50				
8	销项负废税额						
9	销项负数税额						
10	实际销项税额	484.50	484.50				

第 1 页　共 1 页

62-5（5）

普通发票明细表

制表日期：20××年12月31日

普通发票统计表：1-02

正数发票汇总表清单（20××年12月）本期数据

纳税人登记号：91450901001310672X

企业名称：郁州市明星家具有限公司

地址电话：郁州市大华路10路 3834218

单位：元

序号	发票种类	类别代码	发票号码	开票日期	购方税号	合计金额	合计税额	税率
1	普通发票	045001723204	12678265	12月21日	45250119791219073X	2850	484.5	17%
						2850	484.5	

填表人：张月萌　　录入员：　　复核员：　　审核员：钟立国

经济业务63：计算本月应交增值税的附征，取得票据1张。

业务解析

63-1

12月应交增值税附征计算表

20××年12月31日

序号	税(费)名称	计税依据	计税基数	税(费)率	税(费)金额	备　注
1	城市维护建设税	增值税		7%		地税
2	教育费附加			3%		地税
3	地方教育附加			2%		地税
合　计						

复核：钟立国　　制表：张月萌

经济业务 64：结转本月收入等入利润，取得票据 1 张。

业务解析

64–1

12月收入、收益汇总表

20××年12月31日

序号	科目名称	贷方发生额	借方发生额	收入净额	转入利润金额
1	主营业务收入				
2	其他业务收入				
3	营业外收入				
4	投资收益				
合　计					

复核：钟立国　　　　制表：张月萌

经济业务 65：结转本月主营业务成本入利润，取得票据 1 张。

业务解析

65–1

12月产品销售成本计算表

20××年12月31日

序号	产品名称	单位	销售数量	单位成本	总成本	备　注
1	1#沙发	套				
		套				
		小　计				
2	2#沙发	套				
		套				
		小　计				
合　计						

复核：钟立国　　　　制表：张月萌

经济业务 66：结转本月成本费用入利润，取得票据 1 张。

业务解析

66–1

12 月份成本、费用、损失汇总表

20××年 12 月 31 日　　单位：元

序号	科目名称	借方发生额	贷方发生额	支出净额	转入利润金额
1	主营业务成本				
2	税金及附加				
3	其他业务成本				
4	管理费用				
5	财务费用				
6	销售费用				
7	营业外支出				
8	资产减值损失				
合　计					

复核：钟立国　　制表：张月萌

经济业务 67：计算本年应交企业所得税，取得票据 2 张。

业务解析

67–2（1）

年度成本费用纳税调整明细表

20××年12月31日

序号	项　目	计算基数	会计数	税法比例	税法限额	差额	调整+/-
1	职工福利费			14%			
2	职工教育费			2.5%			
3	工会经费			2%			
4	广告宣传费			15%			
5	业务招待费			支出的 60%			
				收入的 5‰			
6	销售手续费			5%			
7	捐赠支出			12%			
8	资产减值损失			0%			
合　计							

复核：钟立国　　制表：张月萌

67–2（2）

年度企业所得税计算表

20××年 12 月 31 日

单位：元

序号	项　目	金　额	备　注
1	1—11 月会计利润		
2	12 月会计利润		
3	成本费用调增项目		见“纳税调整表”
4	应纳税所得额		
5	所得税税率		
6	应交所得税		
7	已预交所得税		前三个季度预缴
8	未交所得税		

复核：钟立国　　　　制表：张月萌

经济业务 68：分配本年赚取的利润，取得票据 2 张。

业务解析

68–2（1）

年度利润分配计算表

20××年 12 月 31 日

单位：元

序号	分配项目	净利润	提取比例	提取金额	未分配利润
1	法定盈余公积		10%		
2	任意盈余公积		5%		
3	应付利润		30%		
合　计					

复核：钟立国　　　　制表：张月萌

68–2（2）

郁州市明星家具有限公司股东会关于利润分配决议（摘要）

郁州市明星家具有限公司股东会关于 20××年度利润分配议案：按税后利润的 10%提取法定盈余公积金，按税后利润 5%提取任意盈余公积金，按税后利润的 30%提取股东股利，择时按各股东出资额分配现金股利。

郁州市明星家具有限公司

20××年 12 月 31 日

20××年 12 月附属资料：

ICBC 中国工商银行 对账单

账号 211170300195014601X 户名：郁州市明星家具有限公司 时间：20××年 12 月 1 日—31 日

序号	交易时间	交易金额	交易余额	对方账号	交易业务
1	20××1201	136890	1003080.8	210010100065023179X	夏之梦家居用品有限公司货款
2	20××1201	-10000	993080.8	15116282	陈明提现金备用
3	20××1202	-6552	986528.8	4500157805605300114X	退广西郁州伟明家具商场货款
4	20××1204	-2831.8	983697	211200624700160110X	南宁铁路局郁州货运站运输费
5	20××1205	-298350	685347	4400177905505300117X	东莞市雄泽木材销售有限公司货款
6	20××1206	-19819.8	665527.2	20-40580105003561X	郁州市劳保用品商场货款
7	20××1208	-13842.38	651684.82	201004327006542813X	广铁集团东莞货运站运输费
8	20××1209	-10000	641684.82	17205764	郁州市希望工程基金会捐赠款
9	20××1209	-9540	632144.82	17205765	郁州市大都会商务酒店招待费
10	20××1210	18837	650981.82	4400177905505300117X	深圳市泰深板材有限公司货款
11	20××1210	150000	800981.82	211020010008639652X	柳州市现代家居用品商场货款
12	20××1213	-233327	567654.82	211170300000054622X	代发 12 月份工资
13	20××1214	-33930	533724.82	17205767	郁州市华发包装材料有限公司货款
14	20××1215	-507	533217.82	郁州市地方税务局	缴纳印花税
15	20××1215	-23652	509565.82	郁州市国家税务局	缴纳增值税
16	20××1215	-3338.4	506227.42	郁州市地方税务局	缴纳城建税、教育费附加
17	20××1216	-6000	500227.42	210101230062298202X	广州市新维度管理咨询公司培训费
18	20××1216	-3276	496951.42	17205768	郁州市风华办公用品商店货款
19	20××1217	-15000	481951.42	17205769	郁州市冠强广告有限公司广告费
20	20××1218	-80000	401951.42	17205770	郁州市丽华投资有限公司租赁费
21	20××1220	5000	406951.42	4502100254300712965X	柳州市黛富家具销售公司赔偿款
22	20××1221	3334.5	410285.92	现金存入	苏理新
23	20××1221	1175.63	411461.55	211170300100018660X	存款利息
24	20××1221	-8102.73	403358.82	211170300100018660X	第四季度借款利息
25	20××1222	-119070	284288.82	20-405701010011298	12 月份社保费
26	20××1223	-58800	225488.82	55209010010032747X	12 月份住房公积金
27	20××1224	-34587.26	190901.56	17205771	12 月份电费
28	20××1224	-20535.28	170366.28	20-40570100175612X	12 月份自来水费
29	20××1225	-6518	163848.28	211170200126820036X	11 月份电信服务费
30	20××1225	-5880	157968.28	4500164042505070010X	12 月份工会经费
31	20××1229	-8300	149668.28	17205775	郁州市南方设备维修公司修理费
32	20××1230	-632.8	149035.48	0012003176	银行业务手续费
33	20××1230	-1890	147145.48	17205776	中石化郁州分公司加油费
34	20××1230	-371	146774.48	17205777	广西航信科技公司郁州分公司服务费
35	20××1231	1665	148439.48	211170201460078436X	郁州蓝色火焰广告有限公司租赁费

中国工商银行股份有限公司郁州城西支行
20XX.12.31
核算用章（01）

第四章 编制会计报表

要求：根据11月份的资产负债表和利润表，以及12月份的账务资料编制12月份的资产负债表、利润表和现金流量表。

第一节　编制20××年12月资产负债表

资产负债表的编制技巧

资产负债表

会企01表

编制单位：郁州市明星家具有限公司　　　　20××年12月31日　　　　单位：元

资　产	行次	期末余额	年初余额	负债和股东权益	行次	期末余额	年初余额
流动资产：				流动负债：			
货币资金	1			短期借款	26		
交易性金融资产	2			交易性金融资产	27		
应收票据	3			应付票据	28		
应收账款	4			应付账款	29		
预付款项	5			预收款项	30		
应收利息	6			应付职工薪酬	31		
应收股利	7			应交税费	32		
其他应收款	8			应付利息	33		
存货	9			其他应付款	34		
一年内到期的非流动资产	10			一年内到期的非流动负债	35		
其他流动资产	11			其他流动负债	36		
流动资产合计	12			流动负债合计	37		
非流动资产：				非流动负债：			
可供出售金融资产	13			长期借款	38		
持有至到期投资	14			应付债券	39		
长期应收款	15			长期应付款	40		
投资性房地产	16			预计负债	41		
固定资产	17			其他非流动负债	42		

（续表）

资　产	行次	期末余额	年初余额	负债和股东权益	行次	期末余额	年初余额
在建工程	18			非流动负债合计	43		
固定资产清理	19			所有者权益			
无形资产	20			实收资本（股本）	44		
长期待摊费用	21			资本公积	45		
其他非流动资产	22			盈余公积	46		
	23			未分配利润	47		
非流动资产合计	24			所有者权益合计	48		
资产总计	25			负债和股东权益总计	49		

单位负责人：袁方　　　　主管会计：钟立国　　　　制表：张月萌

第二节　编制20××年12月利润表

利润表的编制技巧

利润表

会企02表

编制单位：郁州市明星家具有限公司　　　　20××年12月　　　　单位：元

项　目	行次	本年金额	上年金额
一、营业收入	1		8245000.00
减：营业成本	2		489051.50
税金及附加	3		68782.38
销售费用	4		414270.00
管理费用	5		1829462.94
财务费用	6		51684.82
资产减值损失	7		
加：公允价值变动收益（损失以“-”号填列）	8		
投资收益（损失以“-”号填列）	9		
二、营业利润（亏损以“-”号填列）	10		5391748.36
加：营业外收入	11		5120.00
减：营业外支出	12		25000.00
其中：非流动资产处置损失	13		
三、利润总额（亏损总额以“-”号填列）	14		5391748.36
减：所得税费用	15		275842.00
四、净利润（净亏损以“-”号填列）	16		5115906.36
五、每股收益	17		
（一）基本每股收益	18		
（二）稀释每股收益	19		

单位负责人：　袁方　　　　会计主管：钟立国　　　　制表人：张月萌

第三节　编制年度现金流量表

1. 1—11月份有关资料明细

（1）销售产品的收取销项税额 1 252 610 元，购进货物支付进项税额 837 475 元。

（2）购买设备 55 000 元。

（3）管理费用中包含工资 1 130 000 元，销售费用中包含工资 270 000 元，计入产品生产成本的工资 1 840 000 元。

（4）财务费用中有借款利息 24 300 元。

（5）固定资产折旧中，计入产品生产成本 89 500 元。

（6）摊销厂房租赁费，其中计入产品生产成本 42 240 元。

现金流量表的编制技巧

2. 20××年度现金流量表

现金流量表

会企 03 表

编制单位：郁州市明星家具有限公司　　20××年度　　单位：元

项　目	行次	本年累计金额
一、经营活动产生的现金流量		
销售产成品、商品、提供劳务收到的现金	1	
收到其他与经营活动有关的现金	2	
现金流入小计	3	
购买原材料、商品、接受劳务支付的现金	4	
支付的职工薪酬	5	
支付的税费	6	
支付其他与经营活动有关的现金	7	
现金流出小计	8	
经营活动产生的现金流量净额	9	
二、投资活动产生的现金流量		
收回短期投资、长期债券投资和长期股权投资收到的现金	10	
取得投资收益收到的现金	11	
处置固定资产、无形资产和其他非流动资产收回的现金净额	12	
收到其他与投资活动有关的现金	13	
现金流入小计	14	
短期投资、长期债券投资和长期股权投资支付的现金	15	
购建固定资产、无形资产和其他非流动资产支付的现金	16	
支付其他与投资活动有关的现金	17	
现金流出小计	18	
投资活动产生的现金流量净额	19	

（续表）

项　目	行次	本年累计金额
三、筹资活动产生的现金流量		
取得借款收到的现金	20	
吸收投资者投资收到的现金	21	
收到其他与筹资活动有关的现金	22	
现金流入小计	23	
偿还借款本金支付的现金	24	
偿还借款利息支付的现金	25	
分配利润支付的现金	26	
支付其他与筹资活动有关的现金	27	
现金流出小计	28	
筹资活动产生的现金流量净额	29	
四、现金净增加额	30	
加：期初现金余额	31	
五、期末现金余额	32	

单位负责人：袁方　　　　会计主管：钟立国　　　　制表人：张月萌

尊敬的老师：

您好。

请您认真、完整地填写以下表格的内容（务必填写每一项），索取相关图书的教学资源。

教学资源索取表

书　名				作者名	
姓　名		所在学校			
职　称		职　务		职　称	
联系方式	电　话		E-mail		
	QQ号		微信号		
地址（含邮编）					
贵校已购本教材的数量（本）					
所需教学资源					
系/院主任姓名					

系／院主任：______________（签字）

（系／院办公室公章）

20____年____月____日

注意：

① 本配套教学资源仅向购买了相关教材的学校老师免费提供。

② 请任课老师认真填写以上信息，并请系／院加盖公章，然后传真到（010）80115555转718438索取配套教学资源。也可将加盖公章的文件扫描后，发送到fservice@126.com索取教学资源。欢迎各位老师扫码关注我们的微信号和公众号，随时与我们进行沟通和互动。

③ 个人购买的读者，请提供含有书名的购书凭证，如发票、网络交易信息，以及购书地点和本人工作单位来索取。

微信号

公众号

反侵权盗版声明